상위 0.01% 슈퍼리치들이
미국 부동산에 투자하는 이유

미국 부동산
투자 바이블

박성제·임우영 지음

THE UNITED STATES
REAL ESTATE

앞으로는
미국 부동산을
알아야 합니다

2020년의 코로나바이러스 사태는 유래 없는 세계 경제의 위축을 가져왔다. 전 세계의 국가들은 경제를 활성화시키기 위해 고군분투하며, 이례적인 수준의 현금을 찍어냈다. 그 결과로 2022년, 美 인플레이션 지수는 1982년 이후 40년 만에 최고치를 찍었다.

코로나 이후 인플레이션이 가속화되긴 했지만, 현금의 가치가 떨어지는 것은 최근 몇 년간 급작스레 벌어진 일이 아니다. 코로나가 발발하기 한참 전부터 세계적인 투자자, 경제 전문가들이 입을 모아 말해왔다. "시간이 지나면 지날수록 화폐의 가치는 0에 가깝게 수렴할 것이다."

나는 현금의 가치가 장기적으로 계속 떨어진다는 것을 깨닫고, 2013년부터 경제와 부동산 공부를 해왔다. 수많은 임장을 다니며 입지와 매물에 대한 지식을 쌓았고, 경제와 세금 공부를 해왔다. 그리고는 꽤 성공적이었던 2016년 첫 아파트 매매를 시작으로 본격적인 투자자의 삶을 살기 시작했다. 그러다 한국의 부동산 규제가 점점 심화되면서 이런 생각이 들기 시작했다.

'자꾸만 시장을 억제하는 방향으로 흐르는 한국의 정책에 대응하면서 변칙적인 투자 방식을 따라가야만 할까? 전 세계적으로 금융시스템이 연결된 이 시대에, 과연 한국의 부동산만이 정답일까?'

다행히도 얼마 지나지 않아 이 질문들에 대한 해결책을 찾을 수 있었다. 당시 세계 1위 반도체 장비 회사인 ASML을 다니며 해외 출장이 잦은 업무를 맡고 있었다. 일본, 중국, 대만, 싱가폴, 네덜란드, 아일랜드, 이스라엘 등 지구 10바퀴를 돌아도 남을 만큼의 거리를 비행기로 돌아다녔다. 그중 특히 많이 방문했던 것이 미국이었다. 태평양을 20번 왕복하는 동안 자연스레 미국 부동산에 관심을 갖게 되고, 머지않아 본격적으로 파고들기 시작했다.

그러던 중, ASML에서 같이 근무하던 임우영 대표과 이야기를 나누게 되었다. 임우영 대표는 10대에 미국으로 건너가 인생의 절반은 미국에서, 절반은 한국에서 살아온 1.5세 미국 영주권자다. 캘리포니아 최대 규모의 한인 부동산(New Star Realty)에서 10년 이상 근무한 중개사 어머니의 영향으로 학생 때부터 자연스럽게 한인들의 부동산 투자 과정을 경험할 수 있었다. 특히 시민권이나 영주권이 없는 한인들의 법적인 이슈들과 이를 해결하는 과정을 수도 없이 봐오면서, 미국 부동산과 크로스보더 딜(Cross-Border Deal)에 대한 이해도가 높아졌다.

임우영 대표와 이야기를 하며 미국 부동산에 대한 확신은 점점 커져갔다. 그 무렵 직장 동료들, 국내에서 알고 지내던 투자자들 중에서 미국 부동산에 대해 물어보는 사람들이 많아지기 시작했다. 강화된 다주택자 규제 등으로 인해 국내의 많은 투자자들이 미국 부동산 시장으로 눈을 돌리기 시작한 것이다.

'원화가 아닌 달러로 집을 사야 하는데, 송금은 어떻게 해야 돼? 괜찮은 중개인은 어떻게 찾아? 미국에 있는 부동산을 국내에서 관리할 수 있을까? 미국의 세금은 어떻게 납부를 해야 해? 수익금은 한국으로 어떻게 환수를 하지? 한국으로 가져왔을 때 세금 처리는 어떻게 해야 돼?'

미국 부동산 투자는 결코 쉬운 영역이 아니다. 기본적인 거래 구조나 판매 방식, 에스크로 등의 핵심 키워드는 조금만 검색을 해보면 충분한 정보를 얻을 수 있지만 진짜 문제는 투자 결심을 실행에 옮길 때부터 나타난다. 이때부터는 수면 위로 드러나지 않았던 각종 세무/회계 문제들과 마주해야 하기 때문이다. 또한 해외에 투자를 하고 안전하게 관리하기 위해서는 각 분야의 제대로 된 전문가들을 찾아 도움을 받아야 하는데, '진짜 전문가'를 찾기가 상당히 어려운 것이 사실이다.

우리는 이들의 문제를 해결해주기 위해 회사(프로퍼티앤비욘드)를 창업했다. 물론 고객들의 문제를 제대로 해결하기 위해서는 나와 임우영 대표 두 명의 지식과 인프라로는 충분하지 않았다. 미국 전역에서 수십 년간 크로스보더 딜, 부동산 전문가로 인정받고 있는 사람들과 협업을 하면서 고객들의 문제를 완벽하게 해결할 수 있었다. 최근에는 이러한 서비스를 좀 더 체계적으로 구현하기 위해 '진짜 전문가'들과 국내의 투자자들을 연결해주는 플랫폼(이하 '지오플랫')을 만들었다.

지오플랫을 만들며 느낀 것이 있었다. 투자자들 스스로가 미국 부동산, 크로스보더 딜에 대한 이해도가 높아질수록 더 좋은 투자를 할 수 있다는 점이다. 해당 분야의 이해도가 높아져야만 진짜 전문가를 알아보는 안목이 생기고, 전문가를 만났을 때 유의미한 질문을 던질 수 있다.

그러나, 인터넷에서 흩뿌려져 있는 비선별적 정보들로는 미국 부동산에 대한 정확한 이해가 불가능해 보였다. 특히 유튜브에는 전문가를 표방하는 사람들이 올리는 허위, 과장 정보들이 비일비재하다. 이 책을 쓰기로 결심한 가장 큰 이유다.

이 책을 끝까지 정독하는 것만으로도 미국 부동산, 한국-미국 간 크로스보더 딜 문제와 해결책에 대한 전반적인 지식과 이해도가 크게 성장할 것이라 확신한다.

책은 크게 3가지 영역으로 구분되어 있다. 첫 번째로 미국 부동산에 투자해야 하는 이유에 대해 국내와 비교하여 상세히 적어두었다. 두 번째로는 실질적인 미국 부동산의 투자 정보들이다. 투자 방식은 무엇이 있는지, 거래 절차는 어떻게 되는지, 매물의 형태는 어떤지를 다뤘다. 그리고 반드시 챙겨야 하는 세금 지식 등은 무엇이 있는지 심화편까지 다루어 볼 것이다. 책을 보며 이해가 안 되는 용어들이 나올텐데, 그 용어들은 책 마지막 '부록-용어 정리'에서 최대한 풀어두었다. (해당 용어들은 본문에서 [ㆍ]표시를 해두었다)

아무쪼록 본 책을 통해 많은 분이 미국 부동산에 대한 객관적인 정보를 접하고, 해외 투자 또한 도전해볼 가치가 충분하다는 것을 이해하는데 도움이 되었으면 한다.

박성제

PART. 1

미국 부동산에 투자해야 하는 이유

PART

1

미국 부동산에
투자해야 하는 이유

THE UNITED STATES
REAL ESTATE

취득세 12%?
미국은 등록비용 12만 원만
내면 된다

한국의 세금 구조 자체는 단순하지만, 세율에 대한 기준과 정책이 수시로 바뀌는 탓에 상당히 어지럽고 복잡하다. 심지어는 세무사들도 부동산 전문 세무사가 아니면 정확히 모르는 경우가 허다하다. 한국에서 세금을 바라보는 관점으로, 차이점을 비교해보면서 미국의 세금을 들여다보자. 이번 장을 읽고 나면 명료하게 그려질 것이다.

한국 VS 미국 주택 , 보유세, 양도세 비교

구분	한국	미국(캘리포니아 기준)
취득세	1주택 : 1~3% 2주택 : 8% 3주택 이상 : 12%	없음 (등록세 100달러)
보유세	공시지가 기준 재산세 0.1~0.4% 종부세 0.6~6.0% (종부세 1주택 9억 / 2주택 이상 6억까지 공제)	취득 가격 기준 재산세 1.05~1.2% 종부세 없음 (재산세 인상 한도: 연2%)
양도세	차익분 기준 1주택 : 6~45% 2주택 : 26~65% 3주택 이상 : 36~75%	차익분 기준 주택 수에 따른 중과세 없음

출처: 프로퍼티앤비욘드, 2022년 5월 기준

한국 내에서 부동산 투자를 할 때를 생각해보자. 아파트 한 채 이상을 가지고 있는 사람들은 필연적으로 세금 고민을 할 수밖에 없다. 무주택자일때는 취득가액에 따라 1% ~ 3%의 비교적 낮은 취득세만 내면 됐고, 실거주 요건을 만족하기만 하면 양도세를 전액 면제받을 수 있었다.

하지만 1주택 이후부터는 어떤 전략을 선택해야 할지 고민에 빠지게 된다. 당장 2주택부터는 취득세가 8%로 점프한다. 3주택은 무려 12%다. 부동산 중개 수수료를 제외하더라도, 10억짜리 주택을 3번째 집으로 매입하는 것이라면 약 1억 2천만 원이 순수하게 취득세로 지출되는 것이다.

반면 미국에서는 이 취득세에 해당하는 세금이 없다. 굳이 표현하자면 약 100달러 정도의 등록비용이 발생할 뿐이다. 각 주마다 구체적인 액수는 조금씩 다르나, 크게 이 범위를 벗어나지는 않는다.

양도소득세 75%?
미국은 무제한 유예가 가능하다
(1031 Exchange)

한국에서 양도세는 1주택 ~ 3주택 이상에 따라 차익분의 6% ~ 75%로 매우 범위가 넓다. 3주택자의 경우 최대 75%까지 납부할 수 있다. 10억 원 가치의 집을 세 번째 집으로 매입했을 경우, 5억 원이 올라 15억 원에 매도하더라도 3억 7천 5백만 원에 달하는 양도세를 내야 한다. 보유한 주택 수에 따라 중과세가 발생하는 것이 특이점이다.

미국의 경우 1년 미만 보유하였을 때는 차익분의 10% ~ 37% 정도의 양도세가 발생한다. 1년 이상 보유했을 경우는 0% ~ 20%이다. 한국과의 가장 큰 차이점은, 주택 수에 따른 중과세가 없다는 점이다. 또한 실거주 목적이냐, 투자 목적이냐에 따라 다르기는 하지만 5년 이내에 2년 이상 거주 시 부부합산 양도 차익의 최대 50만 달러까지 면제를 받을 수 있다.

이외에도 미국에서는 양도세를 절세, 유예할 수 있는 방법이 무궁무진하다. 하나씩 살펴보자.

1. 감가상각

세금을 내는 주체인 납세자가 부동산 소유자고, 수익창출을 위한 상업용 건물일 경우 감가상각비용 처리가 가능하다. 땅은 변하지 않지만 땅 위에 세워진 건물은 시간이 지남에 따라 가치가 떨어지기 때문이다. 건물은 자동차와 마찬가지로 세월의 무게로 낡고 손상이 되기 때문에 감가상각을 할 수 있다. 통상적으로 27년 6개월의 시간이 적용된다. 이는 현재 주택의 가치를 100으로 가정했을 때, 가치가 0으로 떨어지는 기간을 27년 6개월으로 본다는 뜻이다. 1년마다 하락하는 평균 가치를 환산하게 되면, 100 / 27.5 = 약 3.63%가 된다. 매매한 내 집의 가치가 100일 경우,

1년 뒤: 100 - 3.63 = 96.37

2년 뒤: 96.37 - 3.63 = 92.74

정도의 감가상각이 발생한다고 보면 된다.

2. 1031 Exchange 이용하기

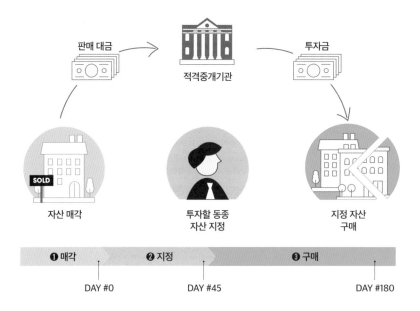

출처: 1031 Gateway

이번 항목은 특별히 잘 기억해두자. 1031 Exchange는 미국 부동산 투자자들 사이에서 축복의 선물로 불리는데, 쉽게 말하면 '양도세를 무기한 유예할 수 있는 제도'다. 이는 부동산 투자자가 세금을 유예하면서 더 큰 매물을 매입하며 자산을 늘려갈 수 있는 매우 중요한 수단이다.

좀 더 금융공학적으로 표현하면, 동종 자산끼리 "투자용 부동산"을 교환하는 경우 양도세를 유예할 수 있는 프로그램이다. 실거주용 주택일 때는 적용받을 수 없고, 임대 사업 등 투자용 부동산인 경우에만 해당하니 꼭 주의하자.

70만 달러에 매입한 투자용 부동산을 100만 달러에 판매하였을 때 양도차익 30만 달러에 대한 양도세를 내지 않고 유예하여, 100만 달러 혹은 100만 달러 이상의 투자용 부동산으로 재투자가 가능하다. 이를 통해 내 자산을 빠르게 증식하면서 더 좋은 조건을 통해 임대 수익까지 극대화할 수 있는 전략을 선택할 수 있다.

1031 Exchange는 횟수에 제한이 없기 때문에, 무한히 유예도 가능하지만 반드시 아래의 절차 및 주의 사항을 지켜야 한다.

투자용 부동산이어야 한다.

주식 또는 채권 등 다른 형태의 투자가 아니라, 임대 사업 또는 상업용 건물 등 투자를 위한 부동산인 경우에만 양도세 유예가 가능하다.

투자용 부동산의 매도일 기준 45일 이내에 다음 재투자할 부동산을 선정해야 한다.

이때 새로운 투자처로 최대 3개까지 매물을 선정할 수 있다. 이를 "3 Property Rule"이라고 부르며, 반드시 이 중에 거래 진행을 해야 한다. 에스크로(안전 거래)* 회사를 통해 판매자와 구매자의 서면 동의를 얻은 후 진행이 이뤄진다.

총 매입하는 부동산의 매매가가 판매하는 부동산 가격과 같거나 더 높

아야 한다.

100만 달러의 물건을 1031 Exchange 하고 싶은 경우, 다음 매물의 가격 또한 100만 달러 이거나 100만 1달러 이상으로 가격이 더 높아야 한다. 여러 채를 매입하는 경우, 50만 달러+50만 1달러 등으로 2채 구성도 가능하다.

투자용 부동산의 매도일 기준으로 180일 이내에 새로운 매물의 에스크로가 클로징(중개활동의 마지막 단계로 계약서에 서명하는 작업) 되어야 한다.

1031 Exchange를 위해서는 사전 준비가 필수라는 이야기다. 다음 매물을 선정하고, Exchange 회사를 통해 재투자 의지를 전달한 다음 에스크로 진행을 해야 하므로 주의하자.

매도하는 부동산과 매수할 부동산은 모두 미국에 있어야 한다.

반드시 유의해야 할 사항은, 양도세에 대한 면제가 아닌 "유예"라는 점이다. 여기서 발생하는 각종 비용 또한 증빙 서류를 꼭 챙겨서, 향후 발생할 잠재적인 세무 / 회계 문제들을 방지할 수 있도록 한다.

다음은 같은 투자 조건 아래, 1031 Exchange의 이용 여부에 따라 발생할 수 있는 가상의 비교를 해보자.

조건은, A씨와 B씨 모두 첫 투자로 70만 달러를 지출하였다. 이후 매도할 때 100만 달러에 팔면서, 30만 달러의 수익이 났다. 첫 번째 매물을 매도한 후 두 번째 매물을 매수하는 과정에서 B씨는

1031 Exchage를 진행하고 A씨는 진행하지 않았다고 가정해보자. 이 상황에서 A씨와 B씨가 매수한 두 번째 매물들은 동일하게 연임대소득은 5%이고 시세는 10% 상승하였다.

	A씨	B씨
양도세 유예 여부	X	O
첫 투자 매수가	$700,000	
첫 투자 매도가	$1,000,000	
양도 소득세(15%)	$45,000	0
재투자 매수가	$955,000	$1,000,000
임대소득	$47,750	$50,000
재투자 매도가	$1,050,500	$1,100,000
총 양도소득세	$14,325	$60,000
총 수익	$338,925	$390,000

A씨는 양도세 4만 5천 달러를 내게 되면서, 2번째 매물은 95만 5천 달러가 되었다. 반면 B씨는 양도세를 유예시켜, 온전히 100만 달러로 매수를 진행하게 되었다. 이에 따라 추가적인 임대소득도 차이가 나게 됐으며, 10%가 상승한 매물가액도 결국 차이가 날 수밖에 없었다. 최종적인 수익은 B씨가 무려 51,075달러 높았다.

두 번째 집까지의 결과만 보아도 이 정도의 차이가 나는데, 세 번째, 네 번째로 갈수록 수익의 차이는 더욱 더 커지게 될 수밖에 없다. 이처럼, 1031 Exchange의 최대 이점은 유예시킨 세금만큼 온전히 투자할 매물의 크기를 키울 수 있다는 부분에 있다.

3. 2년 거주를 통해 양도소득세 공제받기

미국 부동산을 매입 후 2년을 실거주하게 되면, 부부합산 50만 달러까지 양도세를 공제받을 수 있으며, 미혼일 경우 25만 달러를 공제받을 수 있다. 다만 이 방법을 사용하기 위해서는 아래의 조건에 해당해야 한다.

(1) 소유주는 해당 부동산을 5년 이내에, 총 730일(24개월) 이상 소유 및 주거주지로 사용해야 한다. 지속적으로 살아야 하는 것은 아니며, 매도하는 시기에는 살고 있지 않아도 된다. 부부 중 한 사람의 단독 명의여도 괜찮다. 미국 국세청(IRS)이 해당 부동산이 거주지로 사용되었는지 아래의 확인 절차를 진행한다.

- 이 주소지에 소유주가 실제로 살고 있는가? 소유주의 가구와 옷 등 소유물들이 주소지에 있는가?
- 이 주소지가 소유주의 운전면허증이나 세금보고서 혹은 신용카드나 전기세 등의 명세서 수령 주소로 사용되고 있는가?

(2) 소유주가 해당 주소지에 거주하는 동안, 다른 곳으로 휴가를 가는 등 짧은 부재가 있더라도 이 또한 해당 장소가 거주지인 것으로 고려한다. 또한 IRS에서는 아래와 같은 정당한 이유로 24개월을 채우지 못한 경우 부분적으로 공제를 인정해주기도 하는데, 이 부분

은 개개인마다 상황이 다를 수 있으므로, 미국 부동산 세금에 대한 전문 지식을 가지고 있는 회계사와 구체적인 상담을 해봐야 한다.

- 직장과 관련된 이유: 소유주가 직장을 옮기게 되어 해당 주소지에서 원래 다니던 직장보다 80km 이상 더 멀리 위치한 직장으로 가게 되었을 때
- 건강상의 이유: 가족 및 본인의 건강상 이유로 이사를 가야 할 때, 의사가 다른 곳으로 옮기는 걸 조언한 경우
- 예상치 못한 이유: 이혼이나 죽음, 약혼파기, 직장을 잃거나 임신 등의 이유로 다른 곳으로 이사를 하는 경우

거주를 위한 양도세 절세 부분은, 투자용으로 부동산을 매입한 사람은 활용하기 어렵다. 1031 Exchange와는 반대로 "거주"라는 조건이 붙기 때문이다.

자녀 무상증여 한도
5,000만 원?
미국은 300억 원까지 감면된다

미국 부동산 투자를 고민할 때 빠질 수 없는 부분이 바로 증여세와 상속세이다. 우선, 미국은 부부 합산 2,400만 달러(2022년 5월 기준)의 자산까지 증여세가 면제된다. 환율 1,250원을 기준으로 하면 약 300억 원까지 증여/상속세가 0원인 셈이다. 하지만 한국인이 같은 조건으로 증여/상속세를 감면받기 위해서는 체크해야 할 사항이 적지 않다. 자세히 알아보지 않으면 예상치 못한 세금 폭탄을 맞을 수 있기 때문에, 반드시 이 부분을 명확히 인지하고 사전에 전문가와 충분히 상의하여 투자를 진행해야 한다.

미국에 부동산 투자를 시작하는 순간부터 투자자는 양국에 세금보고 의무가 생긴다. 따라서, 양국의 구조도 간략히 파악해 놓을 필요가 있다. 먼저 한국의 증여 및 상속세율은 아래와 같다.

과세표준	세율	누진공제액
1억 원 이하	10%	없음
5억 원 이하	20%	1천만 원
10억 원 이하	30%	6천만 원
30억 원 이하	40%	1억 6천만 원
30억 원 초과	50%	4억 6천만 원

출처: 한국 국세청

증여와 상속세의 세율은 같지만 공제되는 금액은 증여자/수증자, 피상속인/상속인의 세법상 거주지 여부에 따라 차이가 크다. 우선 증여세부터 알아보도록 하자.

증여세의 경우 수증자가 세법상 한국 거주자냐, 비거주자냐에 따라 내야 하는 세금이 달라진다. 수증자가 한국 거주자인 경우, 국내 또는 해외의 모든 증여재산에 대해 세금을 납부해야 한다. 수증자가 비거주자인 경우, 국내에 위치한 재산에 대해서만 납세 의무를 갖는다.

한국 거주자로 분류되는 배우자(수증자)는 10년간 누적된 증여/상속 자산 기준으로 6억 원, 직계존비속(수증자)은 5,000만 원까지 공제가 가능하다. 하지만 비거주자의 경우는 증여재산공제가 적용되지 않는다. 따라서 국내에서 이뤄지는 증여는 "수증자의 거주자 자격"이 무엇보다 중요하다. 다만 증여 받을 재산이 해외에 있는 수증자는 국내-외 모든 재산에 대한 납세 의무가 생기므로 비거주자

자격이 유리할 수 있다.

이번에는 한국의 상속세에 대해 알아보자. 상속세의 경우, 상속인의 거주지 여부와 무관하게 상속 공제를 받을 수 있다. 하지만 피상속인의 거주지가 중요하다. 피상속인이 한국 비거주자로 분류되는 경우, 기초공제(2억)만 적용이 된다. 아래 표는 피상속인이 한국 거주자일 때 받을 수 있는 상속 공제 항목이다.

구분	공제금액
기초공제	• 2억 원
가업·영농 상속공제	• 가업상속공제: 가업상속재산의 100%(최대 한도액 500억 원) • 영농상속공제: 영농상속재산가액(15억 원 한도)
배우자 공제	• 배우자가 실제로 상속받는 가액(법정지분 및 30억 원 한도) • 배우자 최소공제액: 5억 원 공제
그 밖의 인적공제	• 자녀공제: 1인당 5,000만 원 • 미성년자공제: 1,000만 원×19세까지의 잔여연수 • 연로자공제: 1인당 5,000만 원(65세 이상인 자) • 장애자공제: 1,000만 원×통계청장이 발표하는 기대여명(期待餘命)
일괄공제	• 일괄공제 5억 원과 (기초공제+그 밖의 인적공제) 중 선택
금융재산 상속공제	• 순금융재산가액의 20% 공제(공제한도: 2억 원) • 순금융재산가액의 20%가 2천만 원에 미달시 2천만 원을 공제 *상속세 과세표준 신고기한까지 미신고한 타인 명의의 금융재산은 공제할 수 없음
동거주택 상속공제	• 피상속인과 상속인이 10년 이상 동거한 1세대 1주택을 무주택 상속인이 상속받는 경우 주택가액 [주택가액(부수토지 포함)-담보된 채무액](6억 원 한도) 공제
재해손실 공제	• 상속개시 이후 상속세 신고기한 이내에 재난으로 인하여 상속재산이 멸실·훼손된 경우 그 손실가액 공제

출처: 국세청

거주자 자격이란?

한국은, 소득세법의 과세기간인 1월 1일부터 12월 31일 사이에 183일 이상을 거주하거나 소득세법상 국내에 주소를 두고 있는 경우 거주자로 분류한다. 일반적으로 증여시에는 수증자의 거주자 자격이 유리하며, 상속시에는 피상속인의 거주자 자격이 유리하다. 자녀가 해외영주권을 취득하여 해외에서 생활하거나, 유학을 가서 비거주자로 분류되는 경우 한국의 자산을 증여할 때 높은 세금이 부과될 가능성이 높다. 또한 피상속인이 장기간 해외 여행 중에 사망하거나, 이민으로 비거주자로 분류되는 경우 상속할 때 각종 공제를 받지 못하므로 불리할 수 있다.

미국의 증여 및 상속세율

미국의 경우 자산을 증여/상속해주는 증여자/피상속인이 세금을 내야 하지만, 한국은 자산을 증여/상속받는 수증자/상속인이 세금을 내야 한다. 또한 자산의 위치에 따라 한국 국세청 또는 미국 국세청(IRS)에 세금보고의 의무가 발생한다. 미국 쪽도 한번 살펴보자.

미국에서 증여세와 상속세는 별도로 구분하여 보고하지만 세금은 통합해 계산한다. 미국의 증여/상속세 면제 기준은 크게 두 부분으로 나눠서 볼 수 있는데, 연간 면제 한도와 평생에 걸친 면제 한도다. 한도 이상으로 증여/상속을 하는 경우에는 높은 세율이 적용된다. 각각의 면제 한도에 대해서 알아보도록 하자.

연간 면제 한도는 16,000달러이며, 가족 구성원에게 각각 적용된다. 따라서 매년 부모/자녀/형제에게 각각 16,000달러씩 증여해도 세금 보고는 필요하지 않다. 다만, 면제 한도 이상으로 증여하게 되면 IRS에 신고해야 한다.(2022년 기준)

평생에 걸친 Lifetime Gift Tax(평생 증여/상속세)의 경우, 증여자/피상속인 1명당 1,200만 달러, 부부 합산으로 2,400만 달러까지 증여/상속세가 면제된다. 이는 연간 면제 한도를 초과하는 자산을 증여/상속하는 경우에 해당된다. 예를 들어, 20년 동안 자녀에게 매년 16,000달러씩 20년간 증여를 했다면, 32만 달러(16,000달러X20년)를 더한 2,432만 달러까지 공제가 가능하다. 즉, 매해 증여한 금액 중 16,000달러의 면제 한도 초과분과 미래에 상속할 자산의 합이 2,400만 달러 이하인 경우는 납세의 의무가 없다.

다만 초과 금액이 100만 달러 이상이 되면 최대 세율인 40%가 부과된다. 이러한 공제 혜택은 증여자/피상속인이 미국 영주권자 또는 시민권자(세법상 미국 거주자)인 경우에만 해당한다. 만약 세법상 한국 거주자인 사람이 미국 거주자/영주권자/시민권자 자녀에게 2400만 달러 자산을 증여/상속하는 경우는 세금 공제 혜택을 받을 수 없다.

이처럼 증여자/피상속인과 수증자/상속인의 신분과 거주지,

자산의 위치 및 형태에 따라 한국과 미국의 증여/상속세 과세 여부가 나눠진다. 주식, 채권 등의 증여/상속은 유형자산인 부동산과는 차이가 있기 때문에, 각각의 자산 형태에 따라 전문가와 상의해서 미리 계획을 세워야 한다. 아래 표는 부동산 자산을 기준으로 작성되었으니 참고하도록 하자.

증여자/ 피상속인	수증자/ 상속인	자산 위치	미국 증여/상속	한국 증여/상속
미국 영주권자, 시민권자 (세법상 거주자)	미국	미국	2,400만 달러 까지 면제. 이상 분에 대한 과세	비과세
	미국	한국		과세
	한국	미국		과세
	한국	한국		과세
한국	미국	미국	과세*	과세**
	미국	한국	비과세	과세
	한국	미국	과세*	과세
	한국	한국	비과세	과세

* 미국 세법상 비거주자가 미국에 있는 자산을 상속할 때 상속인의 신분과 무관하게 공제 금액은 6만 달러이며, 나머지에 대해 10만 달러 이상 30%, 15만 달러 이상 32%, 25만 달러 이상 35%, 50만달러 이상 37%, 75만 달러 이상 39%, 100만 달러 이상 40%의 세금을 납부해야 한다.

** 한국에서는 2017년부터 해외에 소재한 자산을 증여하는 경우 수증자가 아닌 증여자가 납세의무를 부담한다.

하나씩 살펴보자. 세법상 한국 거주자가 한국에 있는 자산을 세법상 미국 거주자인 수증자(받는 사람)에게 증여했다면 한국 국세청에 세금을 납부한다. 미국에 증여세를 낼 필요는 없다. 하지만 증여액이 연간 10만 달러를 초과하면 IRS에 보고 의무는 생긴다.

세법상 한국 거주자가 미국에 있는 자산을 세법상 미국 거주자인 수증자에게 증여했다면 증여자의 신분에 따라, 미국의 비영주권자 과세표준이 적용되어 높은 세금을 납부한다. 이를 피하기 위해 이민을 가거나 영주권 취득을 하더라도 세법상 한국 거주자로 분류될 가능성이 있다. 이중과세의 위험이 존재하기 때문에 양국의 규정을 잘 이해하고 있는 전문가와 절세 계획이 필요하다.

2022년 기준으로 한국/미국은 증여와 상속에 대한 조세 협약이 별도로 없다. 따라서 한국에서 납부한 증여/상속세를 미국에서 공제받을 수 없다. 그렇기 때문에 증여/상속을 계획하고 있다면 고려할 수 있는 모든 방법을 사전에 파악하고 실행에 옮겨야 한다.

다수의 미국인들은 최대한 많은 금액을 공제받기 위해 위에서 설명했던 1031 Exchange를 이용하기도 한다. 이는 투자용 부동산을 판매할 때 그보다 비싼 부동산으로 교환하는 제도인데, 이를 통해 양도세를 무제한으로 유예할 수 있다.

유예한 양도세는 마지막 부동산을 판매하면서 한꺼번에 납부하는데, 이때 마지막으로 투자한 부동산을 자녀에게 상속하면 어떻게 될까? 피상속인이 영주권자 혹은 시민권자일 경우 부부 합산 2,400만 달러까지 세금 면제가 되며 부동산이 상속된 날짜 기준으로 부동산의 가치가 다시 산정된다.

자녀는 이 부동산을 판매할 때 상속 날짜에 재평가된 부동산 가치에서 상승한 만큼의 양도세만 납부하면 된다. 이를 Step-Up in

Basis 라고 한다. 이 전략을 통해 과거에 유예된 양도세가 없어지는 일이 일어난다. 심지어 부동산 판매 금액이 상속받을 때 평가된 자산보다 낮다면, 당장 내야 하는 양도세조차도 없앨 수 있다.

개략적으로 한국/미국의 증여세와 상속세를 살펴보았다. 각 개인에 따라 상황이 다양하기 때문에 반드시 양국의 상황에 정통한 전문가와 사전 상담을 통해 각자에게 맞는 최선의 절세 전략을 짤 수 있도록 하자.

다주택자 대출 규제 X,
외국인도
70%는 받는다

        한국과 미국은 대출 규제 부분에 있어서도 차이가 있다. 2022년을 기준으로 한국의 경우, 1주택이라 하더라도 투기지역 및 투기과열지구일 경우 40%, 조정대상지역일 경우 50%의 LTV(Loan To Value)의 적용을 받는다. 이마저도 9억 이하까지만 해당하고, 9억 초과분에 대해서는 더 작아진다. 물론 한국의 특성상 정권 교체에 따라 부동산 규제가 완화될 가능성이 있지만, 완화가 된다고 하더라도 시장의 충격을 감안하여 급격하게 바뀌긴 어려울 것이다.

반면 미국은, 다주택자에 대한 대출 규제가 딱히 없다. 대출 기관별로 금리나 한도가 천차만별이긴 하나, 근본적으로 한국에서 적용되는 대출 규제들은 미국에서는 해당 사항이 없다.

국내 대출 규제

주택가격	구분	투기지역 및 투기과열지구	조정대상 지역	기타지역
9억이하	서민실수요자 (무주택)	50%	60%	70%
	1주택 (처분조건)	40%	50%	70%
	2주택 이상	불가	불가	60%
9억 초과	9억 이하분	40%	50%	9억 이하와 동일
	9억 초과분	20%	30%	
15억 초과	-	불가	9억 초과와 동일	

출처: 부동산 계산기

미국은 주택 수나 매매가액이 아닌 크레딧 점수(Credit Score)에 따라 대출의 기준이 달라진다. 크레딧은 한국의 '신용점수'와 유사한 점이 많은데, 하나씩 자세히 살펴보자.

크레딧의 평균은 점차 상향중

미국 부동산 투자에 관심이 있다면 반드시 크레딧 점수에 신경을 써야 한다. 2019년 기준 주택 구입자 중 약 90%의 크레딧 점수가 최소 650점 이상인 것으로 나타났다. 이 중 '우수(GOOD)'로 분류되는 크레딧 점수 700점 이상 구입자는 약 75%로 대다수 주택 구입자들의 크레딧 점수가 예전에 비해 상당히 높아졌다.

주택 구입자들의 크레딧 점수 중간값은 약 759점으로, 구입자들의 크레딧 점수가 점차 상향 추세인 것으로 나타났다. 크레딧 점수 약 647점 미만의 구입자는 10%도 채 되지 않았다.

크레딧 점수 기준은

개인 신용 평가 기관인 '페어 아이잭 코퍼레이션'(Fair Isaac Corporation)이 개발한 '파이코'(FICO) 크레딧 점수 모델이 모기지 대출 업계에서 널리 사용되는 대표적인 크레딧 점수다.

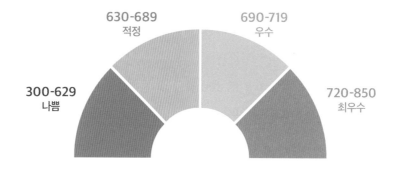

출처: NerdWallet. FICO Score

파이코 점수는 최저 300점부터 최고 850점까지 분류된다. 2019년 기준 전국(미국)의 평균 점수는 약 704점이다. 파이코 점수가 690점에서 719점 사이인 경우 '우수(GOOD)'로 분류돼 모기지 대출을 받는데 큰 문제점은 없다.

630점에서 689점 사이는 '적정'(Fair)으로 분류되는데 적정 수준 미만인 경우에는 모기지 대출이 가능해도 높은 이자율 등 불리한 대출 조건을 감수해야 한다. 반면에 '최우수'(Excellent)로 분류되는 720점 이상의 구입자들에게는 가장 유리한 조건의 대출 조건이 적용된다.

크레딧 관리는 어떻게

1. 요금 '자동 이체'로 상환 기록 관리

파이코 점수를 산출하는 요인 중 가장 높은 비중을 차지하는 것은 '상환 기록'으로, 파이코 점수의 약 35%를 차지한다. 상환 기록을 통해 대출자의 신용도를 평가하는 대출 기관이 많기 때문에 각종 요금을 기한 내 납부하는 것만으로도 크레딧 점수를 올릴 수 있다. 불필요한 연체를 방지하기 위해 '자동 납부' 서비스를 이용하고 각종 요금의 납부 기한을 점검하는 습관을 들이는 것이 중요하다.

2. 크레딧 사용률 30% 미만 유지

파이코 점수 산출 요인 중 '크레딧 사용률'이 약 30%로 두 번째로 높은 비중을 차지한다. 크레딧 사용률은, 총 크레딧 사용 한도액 중 실제 사용 비율을 매달 30% 미만이 되도록 유지해야 파이코 점수를 높이는 데 도움이 된다. 모든 요금을 기한 내에 납부하고 크레딧 사용액을 최대한 낮게 관리하는 것이 중요하다.

3. 크레딧 계좌 개설 기간 길수록 유리

가급적이면 크레딧 계좌 개설 기간이 길수록 유리하다. 개설한 지 오래된 크레딧 계좌는 폐지하지 않고 그대로 유지하는 것이 크레딧 점수 관리에 도움이 된다. 반대로 신규 크레딧 계좌를 너무 많이 개설하거나 너무 자주 개설하면 크레딧 점수가 떨어질 수 있기 때문에 주의해야 한다. 크레딧 계좌 개설 기간이 크레딧 점수 산출 요인에 차지하는 비중은 약 15%이며 크레딧 계좌 개수와 조회 횟수는 약 10%를 차지한다.

4. 크레딧 기록 정기 점검

정기적으로 크레딧 리포트를 발급받아 현재 크레딧 점수와 함께 잘못된 사항은 없는지 확인하는 것이 좋다. 연방 정부의 승인 아래 에퀴팩스(Equifax), 익스페리언(Experian), 트랜스 유니언(Trans Union) 등 3대 신용 평가 기관이 공동으로 운영하는 웹사이트 '애뉴얼크레딧리포트닷컴'(AnnualCreditReport.com)을 통해서 매년

한 차례씩 무료 크레딧 리포트를 발급받을 수 있다.

체이스 은행과 같은 일부 은행에서도 무료 크레딧 리포트 발급 서비스를 제공하고 있으며 '크레딧 카르마'(Credit Karma) 등의 웹 사이트에서도 유료 및 무료 서비스를 실시하고 있다. 이들 웹사이트를 통해 크레딧 리포트를 조회해도 크레딧 점수에 미치는 부정적인 영향이 없으므로 안심하고 사용해도 좋다.

이상으로 크레딧에 대해 알아보았다. 이번에는 개략적인 미국의 대출 구조와 함께 거주자와 비거주자의 관점에서 대출 실행 방법을 설명하겠다. 미국 관점에서의 외국인과 내국인 차이 정도로 나눠서 읽으면 비교가 쉬울 것이다. 아래 4가지 항목으로 분류하여 정리하였다.

1. 필요 서류

미국에서 주택담보대출을 받기 위해 기본적으로 필요한 서류는 아래와 같다.
- 재직 증명서
- 다운페이먼트˚(Down Payment, 은행 모기지 대출을 제외한 현금) 할 자본에 대한 은행 영문 잔고 증명서

은행에 따라 소득증명, 자산증명, 세금 보고서를 요구할 수 있

으며, 비거주자의 경우 미국 비자가 필요할 수 있다. 추가로 필요한 서류는 주택 종류, 지역에 따라 달라질 수 있으므로 자세한 내용은 외국인 융자 전문 에이전트와 상담해 보는 것이 좋다.

2. 대출 종류

미국 모기지론(주택담보대출)의 종류는 크게 다음과 같이 세분화할 수 있다.

(1) 일반 은행 모기지론(모기지대출)

- FRM(Fixed-Rate Mortgage) : 정해진 기간 동안(15/30년 등) 이자율을 고정하고 상환 기간 내내 고정금리를 내는 프로그램이다. 15년 상환은 30년 상환에 비해 월마다 상환해야 하는 금액이 더 크다. 하지만 APR(Annual Percentage Rate, 연이율)이 낮다. 집은 갖고 싶은데 15년 이내에 상환하기엔 월 상환금액이 벅찬 경우 30년 상환이 더 나은 방법이 될 수 있다.(15년 기준 APR : 2.28%, 30년 기준 APR : 3.01%)
한국인들에게 익숙한 "고정금리" 방식이다.
- ARM(Adjustable-Rate Mortgage) : 정해진 기간 동안(3/5/7년 등) 고정 금리를 지출하고 그 다음 해부터 남은 상환 기간 동안 변동 금리를 지출하는 방식이다. 남은 상환기간에 따라

5/1 ARM 15, 5/1 ARM 30으로 표현이 가능하다. 5/1 ARM 의 경우, 첫 5년은 고정금리, 이후 매 1년마다 변동금리로 진입한다는 뜻이다. 첫 5년간 최대한 낮은 금리를 내고 5년 후 집을 다시 팔 경우 주로 선택하는 방식이다.

(2) 정부 보증 모기지론(모기지대출)

- **FHA 론**: FHA는 미국 연방주택국의 약자로 한국의 한국주택금융공사와 비슷하다. FHA론이란 미국 연방주택국이 대출자의 신용을 보증해 주고 그 보증을 근거로 융자를 받는 방식이다. 다운페이를 3.5%만 내고도 융자를 받을 수 있어 저소득, 저신용자에게 안성맞춤이다. 하지만 주거용 부동산을 구입할 경우에만 가능하다. 1년 이상 거주 의무도 부가된다. 크레딧 스코어 580점 이상, DTI* 43% 이하일 경우 승인될 가능성이 높다. 보증 한도는 매년 달라지며 주택 종류에 따라 상이하다.(fha.com에서 확인 가능하다.)

- **USDA 론**: 미국 정부가 중저소득 층의 도시 외곽 지역 주택 구입을 지원하는 프로그램이다. 신청 대상 기준은 각 주 별 중위 소득의 115%가 넘지 않아야 한다.(주 별 소득은 구글에 USDA Income loan Limits을 검색하면 나온다.) USDA 론은 0% 다운페이가 가능하다. 즉 100% 융자로 구매가 가능하다. 금리는 은행에 사전 융자 신청을 해봐야 알 수 있으며 크레딧 점수에 따라 상이하다. 프로그램 취지에 맞게 도시 외곽 지역 주택만

구매 가능하다. 다른 론과 달리 주택 종류 중 싱글하우스(단독 주택) 구매에만 해당된다.

- **VA 론**: Veterans Affairs Loan의 약자로 미군과 그 가족에게 나오는 프로그램이다. 미군으로 평시 181일 이상, 전시 90일 이상 복무해야 신청 가능하다. VA 론도 0% 다운페이, 즉 100% 융자로 구매가 가능하다. 금리 또한 상대적으로 다른 프로그램에 비해 낮은 편이다.(veteransunited.com에서 최신 금리 확인이 가능하다.) VA 론으로 구매한 주택을 주 거주지로 사용해야 한다. 싱글하우스뿐만 아니라 멀티 유닛 하우스(다가구 주택과 유사)도 구매가 가능하다.

비거주자 한국인의 신분으로는 사실상 정부 보증 모기지론 조건을 충족할 수 없다. 조건들을 비교해 보고 자신에게 맞는 프로그램을 선택하는 것이 중요하다.

3. 대출 방법

내국인은 대출 조건만 충족하면 무리 없이 대출이 가능하다. 반면 비영주권자 한국인이 전문가의 도움을 받지 않고 개인적으로 미국에서 대출을 받는 건 결코 쉽지 않다. 외국인은 미국에 기반이 없어서 신용 증명이 제한적이라 대부분의 은행에서 대출이 제한된다. 하지만 대출이 불가능하다는 것은 아니다. 외국인을 위한 융자 프로그램이 따로 있다.

내국인, 외국인 모두 모기지 뱅커(Mortgage Banker)와 모기지 브로커(Mortgage Broker)*를 통해 융자를 받는다. 모기지 뱅커는 말 그대로 해당 은행 소속 직원이다. 그렇기 때문에 해당 은행 모기지 상품에 대해서만 잘 알고 있다. 반면에 브로커는 여러 은행의 모기지 상품을 동시다발적으로 비교해 줄 수 있다. 모기지 브로커를 이용했을 때 특히 더 유리한 경우는 다음과 같다.

1. 신용 등급이 낮은 경우
2. 부채상환비율(DTI(%)=Dept/Income)이 좋지 않을 경우
3. 다운페이먼트를 낮추고 싶은 경우
4. 내국인인데도 일반 대출 요건을 충족하지 못했을 경우
5. 외국인이라 일반 은행 대출이 어려울 경우
6. 내 조건을 여러 곳에서 비교가 필요한 경우

이때 직접 은행 컨택을 해서 업무를 하게 되는 모기지 뱅커의 경우 대출 금액의 1%가 통상적인 수수료이다. 반면 모기지 브로커를 통해 대출이 연계될 경우는 최종 수수료가 1~4% 까지 나오는 편이다. 모기지 브로커의 경우 3가지 정도의 수수료가 발생한다.

• Retainer Fee

- 해당 대출기관에게 업무를 맡기게 되면서 발생하는 일종의 고용 계약 수수료
- 대출 업무에 대한 포괄적인 정보가 담기며, 아래 Origination Fee, Broker Fee 등이 표시됨
- 통상적으로 500달러 ~ 1,000달러

• Origination Fee
- 대출기관(Lender)이 청구하는, 대출을 실행할 때 발생하는 수수료
- 통상적으로 대출금액의 0.5% ~ 2%

• Broker Fee
- 모기지 브로커가 청구하는, 업무 대행 수수료
- 통상적으로 대출금액의 1% ~ 2%

한국인 관점에서 Retainer Fee와 Broker Fee가 무슨 차이가 있는지 혼동이 올 수 있다. Origination Fee와 Broker Fee는 대출 금액에 따라 차등적으로 청구되며, Retainer Fee는 "고정 수임료"로 생각하면 된다. 즉, Retainer Fee는 계약을 일으키면서 발생하는 고정 비용인 것이고, 나머지 두 가지는 내가 대출을 얼마나 발생시키느냐에 따라 달라진다.

만약 부동산의 가격이 매우 커서 대출 금액도 클 경우 Broker

Fee는 0.5% 수준까지 현저히 낮출 수 있으며, 각 모기지 브로커와의 협상에 따라 달라진다.

또한, 대출을 내고 임대수익이 발생했을 때 어느정도 기간이 지나면 한국과 마찬가지로 대출을 갈아탈 수 있다. 이를 "Refinancing"-리파이낸싱(재융자) 이라고 하며, LLC*를 설립해 모기지론으로 부동산 매매를 하고 임대 수익을 내면서 미국에 크레딧을 쌓게 되면 새로운 대출 상품과 더 낮은 이율로 갈아타는 게 가능하다.

다만 처음 모기지 브로커와의 계약조건에 따라, 일종의 중도상환 위약금이 발생할 수 있으니 내가 몇 년 이내에 대출을 갈아탈 계획이 있는지 미리 생각해서 추가적인 지출이 없도록 하자.

미국 융자 전문가 인터뷰

다음은 미국 캘리포니아에서 활동하고 계시는 융자 전문가의 인터뷰 내용 요약이다. MLO(Mortgage Loan Originator) 및 캘리포니아의 Realtor(중개사) 자격증을 보유하고 있으며, 현장에서 직접 업무를 하고 계신 분의 목소리를 담았다.

Q. 비영주권자 한국인도 미국 모기지 대출을 받을 수 있나요?

A. 결론부터 얘기하자면 가능합니다. 미국에 전혀 와보시지 않았어도, 미국 영주권이 없어도 미국 부동산을 사고 융자를 받는 것은 얼마든지 가능합니다. 어렵게 생각하시는 분들도 있는데 준비만 돼 있으면 어렵지 않아요. 행정적인 절차는 물론 필요하겠지만, 절차를 제대로 밟기만 하면 미국에서 부동산을 사고 융자 받는 것은 그렇게 어려운 일은 아닙니다.

Q. 구체적인 미국 대출 금리와 대출 프로그램에 대해 알려주세요.

A. 미국 모기지 금리는 집을 살 때 Primary(실거주용)로 사는지, Second Home(임시 거처용)으로 사는지, Investment Property(투자용 자산)로 사는지에 따라 다릅니다. 미국 대출 금리는 Primary 〈 Second Home 〈 Investment Property 순으로 높습니다.

보통 한국에서 미국 부동산 투자를 하시는 분들이라면 Investment Property나 Second Home을 많이들 하시겠죠. Investment Property가 제일 이자율이 높고, 아무래도 외국인이기 때문에 거기서 이자율이 조금 더 올라갑니다. 이자율에 대해서는 계속 변동이 있기 때문에 정확히 이렇다 하고 답변드리기는 어렵지만, 2022년 4월 현재 기준으로 외국인이 LLC*를 설립해서 투자했을 때 약 6.5% 정도의 금리가 적용되고 있습니다. 올해(2022년)는 더 높아질 가능성도 보이고요.

Q. 미국 대출 정보는 어떻게 얻을 수 있나요?

A. 미국 모기지 금리 정보는 직접 은행에 연락해서 하는 것보다는 브로커를 이용하는 것이 좋습니다. 현실적으로 한국에 있는 사람들이 미국 은행에 일일이 전화해서 정보를 알아내기란 쉽지 않습니다. 미국 현지에 있는 사람들도 마찬가지입니다.

Q. 대출 브로커는 무슨 일을 해주나요?

A. 브로커는 여러 모기지 랜더*(대출을 원하는 고객에게 돈을 내어주는 주체)랑 계약을 맺고, 그 랜더의 프로그램 상품을 대신해서 팔아주는 사람입니다. 중간에서 대행을 해주고 프로세싱을 해주는 역할을 하죠. 랜더 중에서도 어떤 랜더는 외국인에게 융자를 해주기도 하고 안 해주기도 합니다. 그중 외국인에게 융자를 해주는 랜더와 컨택해 프로세싱을 진행하는 거죠.

Q. 브로커 수수료는 얼마나 되나요?

A. 외국인 융자라고 해서 수수료를 더 받는 건 아닙니다. 정확한 것은 금액에 따라 협의해야 하지만 보통 대출금액의 2% 내외라고 생각하시면 됩니다.

Q. 대출할 때 필요한 서류는 무엇이 있나요?

A. 외국인이기 때문에 여권을 준비하셔야 되고요. 비자 면제국이라는 확인 증명이 되면 비자가 없이도 융자 신청이 가능해요. 그렇지만 어떤 비자라도 미국 비자가 있는 경우에는 제출을 하셔야 하며, 세금에 관련해서 보고하는 서류도 제출해야 합니다.

Q. 미국 부동산 관련 대출을 할 때 따로 주의사항이 있나요?

A. 미국에서 융자를 받을 때는 한국에 있는 계좌를 쓸 수가 없어요. 수입을 증명하는 과정에서 돈을 보여줘야 하는데 그건 한국에 있는 은행에서 영문으로 발급받아서 보여주면 돼요. 하지만 부동산을 사고 돈을 주고 클로징을 할 때까지 한국에 있는 돈이 미국으로 송금이 돼야 해요. 송금도 하루 이틀 만에 되는 게 아니고 시간이 걸리기 때문에 미리미리 준비를 하셔야 합니다. 그래서 반드시 미국에 본인 명의 내지는 LLC 계좌가 있어야 합니다.

Q. 그렇다면 LLC로 투자하는 것이 유리한가요?

A. LLC를 많이 추천합니다. 특히 LLC로 오픈하는 경우에는 개인

재산이 보호되기 때문에 투자를 할 때는 개인보다는 LLC를 오픈하기를 추천드립니다.

Q. 외국인은 융자가 몇 퍼센트까지 나오나요?

A. 랜더마다 차이는 좀 있습니다. 외국인한테 융자를 잘해주는 회사를 기준으로 좀 통일성 있게 말씀드리겠습니다. 제가 많이 이용하는 랜더 같은 경우는 150만 달러 이하 기준 70%까지 융자를 해줍니다. 이 가치는 감정가 대비에요. 35% 정도 다운페이(실투자금)를 하면 150만 달러에서 250만 달러 까지는 융자를 차별 없이 받을 수 있습니다.

30%~35% 다운페이를 하면 이 사람이 지금 재산이 얼마 있고, 수입이 얼마나 있느냐를 묻지 않아요. 이건 외국인도 마찬가지고 현지인도 마찬가지입니다. 다만 무엇을 보냐면 인베스트먼트는 어차피 렌탈 수익이 생기거든요. 렌탈 수익이 생겼을 때, 예를 들어 100만 달러 집인데 내가 32% 다운페이를 하고 70만 달러 융자를 받았어요. 이자, 보험, 세금 등을 다 포함한 월 비용이 렌탈 수익보다 작아야 해요.

렌탈 수익이 예를 들어 100만 달러 가치의 집에서 5,000 달러 나온다고 가정해 볼게요. 그럼 내가 매달 나가는 비용이 5,000 달러가 안 넘으면 되는 거예요. 예를 들어서 싱글하우스 같은 경우에는 같은 100만 달러라 그래도 여기서 렌탈 수익 벌 수 있는 게 4,000달러에서 4,500달러밖에 안 돼요. 그런 경우에는 다운페이를 더 해야만 집을 살 수 있죠.

저는 30%의 다운페이먼트로는 살 수 있는 집이 그다지 많지 않을 거라고 봐요. 최소한 35%~40%까지는 준비하거나, 이자율을 낮추기 위해서는 50% 정도는 준비를 하라고 추천을 드려요. 왜냐하면 LTV 비율이 낮을수록 좋은 이자율을 주거든요.

Q. 미국은 융자를 받을 때 크레딧이 중요하다고 들었습니다. 크레딧 없이 외국인도 대출이 가능할까요?

A. 가능합니다. 어떤 랜더 같은 경우에는 인터내셔널 크레딧 리포트를 요청하는 데도 있는데, 요청하지 않는 랜더를 찾아가면 돼요. 보통 미국은 700점 이상이면 좋은 크레딧 점수라고 보는데 외국인 같은 경우는 한 680점 정도로 가능해서 그 기준으로 융자를 해줍니다. 다만 LLC를 오픈하거나 미국에 들어와서 크레딧을 쌓은 기록이 있으면 제출을 하셔야 해요. 미국에서 만약 유학 생활을 하거나, 비즈니스를 하는 경우가 생긴다면 크레딧 관리를 잘 하셔야 합니다.

Q. 미국 크레딧 관리는 어떻게 하나요?

A. 크레딧 점수를 쌓으려면 기록이 있어야 해요. 집을 사서 대출금을 갚고 있다거나, 자동차를 사서 융자를 받아 대출금을 갚고 있다거나 하는 식으로요. 크레딧을 오픈한 후 융자를 받아 잘 갚았다는 기록들이 필요하죠. 자기가 크레딧 한도가 높은데 그 크레딧을

적게 쓰는 경우는 점수가 굉장히 높아져요.

Q. 플립*과 ADU* 같은 경우는 사람이 살 수 없을 정도로 낡은 집을 매입
해서 수리하는 경우가 많은데요. 그럴 경우 대출은 어떻게 되나요?

A. 플립 같은 경우에는 하드머니*를 많이 이용해요. 굉장히 낡
은 집, 지금은 가치가 낮지만 지역적으로는 가치가 높은 집을 리모
델링 해서 시세차익을 노리는 것인데 이럴 경우에는 전액 현금으
로 들어가지 않으면 집을 빨리 잡을 수가 없어요. 그래서 하드머니
를 쓰는 겁니다. 미국은 하드머니 개념이 사채가 아니에요. 하드머
니를 취급하는 사람이 개인도 있지만 굉장히 많은 금융기관들이
하드머니를 취급하고, 이율이 조금 높을 뿐이지 일반 랜더하고 프
로세스는 같습니다. 같지만 신속하게 처리가 되는 거죠. 하드머니
는 보통 6개월? 아무리 길게 써도 1년 이상은 안 쓰죠. 그 안에 모
두 갚거나 실제로 자신이 집에서 살면서 다시 재융자를 받는 방법
을 택합니다.

상위 0.01%
슈퍼리치들이
미국 부동산을 사는 이유

안전자산인 기축통화에 대한 수요

이미 많은 자산을 보유한 슈퍼리치들은 일찌감치 미국 부동산에 관심을 보이고 투자를 이어왔다. 수익률도 물론 중요하지만, 그들은 수익률을 넘어선 가치를 더 중요하게 여긴다. 바로 "안전자산"의 개념으로 접근하는 것이다. 왜 미국 부동산이 안전한지, 기축통화의 개념에서 출발해보자.

| 기축통화(Key Currency)
국제간의 결제나 금융거래의 기본이 되는 통화. 미국 예일대의

로버트 트리핀 교수가 처음 명명했다. 현재는 '미국 달러'가 기축통화의 역할을 하고 있다.

출처: 네이버 시사상식사전

현재 지구상에는 수많은 화폐가 유통되고 있다. 미국의 달러에서부터 일본의 엔화, 중국의 위안화, EU의 유로화 등등 영향력 있는 화폐들이 있다. 대체적으로 국력이 높을수록(군사적으로, 경제적으로) 해당 국가의 화폐는 국제적으로도 잘 유통이 되는 편이다. 결과적으로 현재 기축통화로 인정받는 것은 미국의 달러뿐이다.

금 역시 기축통화의 성격을 충분히 가지고 있으면서, 오랫동안 세계 무역을 위한 화폐로 이용되었다. 하지만 늘어나는 무역량에 비해 생산량은 제한적이면서, 이동과 보관의 문제가 갈수록 커졌다. 이것을 해결하기 위해 한가지의 특정한 화폐를 고정시켜 무역에 대신 활용하는 '금본위제'를 통해 국제 무역이 진행되어왔다. 현대사회에서 금은 기축통화라기보단 안전 자산, 비축 자산으로 더 많이 활용되고 있으니 이번 글에서는 잠시 논외로 하자.

기축 통화로 인정받으려면 대체적으로 다음과 같은 조건들을 충족하여야 한다.

- 해당 화폐를 사용하는 국가의 국력이 압도적이어야 한다.
- 대단히 발달한 금융 시장이 있어야 한다.
- 엄청난 양의 무역 적자가 감당되어야 한다.

- 압도적으로 많은 거래량이 뒷받침되어야 한다.

주요국의 외환보유액(2021. 12월 말 기준)   (단위 : 억 달러)

순위	국가	외환보유액		순위	국가	외환보유액	
1	중국	32,502	(+278)	6	대만	5,484	(+11)
2	일본	14,058	(+0)	7	홍콩	4,969	(-25)
3	스위스	11,100	(+287)	8	한국	4,631	(-8)
4	인도	6,336	(-44)	9	사우디 아라비아	4,548	(-96)
5	러시아	6,306	(+81)	10	싱가포르	4,179	(+49)

*표에 있는( ) 안의 수치는 전월 말 대비 증감액
출처 : 한국은행 국제국 외환회계팀 보도자료

좀 더 쉽게 풀어쓰면, 해당 국가에 대한 신뢰감이 지대하며, 영향력 또한 막강하고, "가장 강한 나라"라는 인식이 있어야 한다. 정확히 현재의 패권국인 미국이다.

세계 2차 세계대전 이후 미국은 뉴욕의 월스트리트를 중심으로 최첨단의 금융 시장이 발달하게 됐다. 국방력 부분에서도, "천조국"이라는 별칭이 있을 만큼 국방비에 상상을 초월할 정도의 액수를 지출한다. 2020년 미국은 국방비에만 약 7,780억 달러를 사용하였다.

이러한 배경을 바탕으로, 전 세계에서 일어나는 어떤 분쟁 지역이라도 즉시 군대를 파견할 수 있는 군사력을 보유하고 있으며,

2022년 기준으로 두말할 것 없는 최강국이라고 표현할 수 있다. 여러 가지 조건들이 맞물려 영국의 파운드화에서 미국의 달러화로 기축통화가 옮겨간 것은 어떻게 보면 당연한 수순일 것이다.

한국은행의 보도자료에 따르면, 각 나라의 외환보유액을 알 수 있다. 한국도 약 4,631억 달러의 외환을 보유하고 있으며, 규모는 세계 8위 정도이다.

리스크 관리를 위한 분산투자

주식 투자를 시작하는 분들은 "계란을 한 바구니에 담지 말라"는 격언을 많이 들어보았을 것이다. 모든 투자에는 그에 걸맞는 리스크가 따라온다. 고수익 고위험부터, 중수익 중위험 등 그에 상응하는 다양한 투자상품들이 존재한다. 주식이나 부동산 투자는 상대적으로 가장 안전한 영역인 예적금보다 위험도가 높은 반면, 수익률의 폭도 높다.

이처럼 수익을 내기 위해서는 어느 정도 리스크는 반드시 받아들여야 한다. 하지만 장기적인 투자를 이어가기 위해서는 이 리스크도 슬기롭게 다루는 방법이 필요하다. 위의 격언이 전하고자 하는 분산투자인 것이다. 종목 관점에서, 주식에 본인이 선호하는 한 종목이 있다면 그 종목에 자금을 전부 담지 말고 산업군으로 확대해서 바라볼 수 있을 것이다. 또한 매수 타이밍 관점에서, 특정한 시점에 100% 자금을 담지 않고 일정 주기로(예를 들면 계획 자금의 1/4씩) 매수 시기를 조절할 수도 있다.

여전히 국내 주식만 하는 사람도 있지만 최근 2-3년 사이 해외 주식을 접하는 사람들이 굉장히 늘어났다. 각 증권사에서 마케팅을 공격적으로 한 것도 이유가 될 것이고, 결과적으로 S&P500이나 나스닥 지수가 코스피보다 많이 오른 것도 사실이다. 또한 위에서도 언급했듯이, 원화 자산보다는 달러 자산이 기축통화로써 훨씬 더 안전하다.

아무리 분산투자를 한다고 해도, 모든 자산이 주식에만 집중되어 있다면 완전한 분산투자, 리스크 헷지라고 볼 수 없다. 그래서 국내 자산가들의 대부분이 부동산을 주요 포트폴리오로 삼으며 리스크를 관리하고 수익을 올린다.

실제 금융경제의 큰 축이 되는 주식과, 실물경제의 큰 축이 되는 부동산은 밀접한 상관관계를 가지고 있다. 실물경제의 호황기에는 수출 증가에 따라 해외 자본 유입이 늘어나고, 시중에 풀리는 통화량이 증가하는 등 여러 시너지 효과가 발생한다. 이러한 시너지 효과는 크기와 방향을 정확히 예측하기 어렵기 때문에, 종목 안에서의 리스크 관리 뿐만이 아닌 다른 형태의 자산을 취득하면서 리스크를 관리해야 한다.

국내의 투자자들은 오랫동안 국내 주식, 해외 주식, 국내 부동산을 취득하며 자산을 불려왔다. 여기서 한발 더 나아간다면 어디에 투자해야 할까?

바로 이 시점에서 미국 부동산이 등장하게 된다. 앞선 기축통화 부분에서, 현재 유통되고 있는 화폐중 가장 안전한 것은 달러라는 부분을 설명하였다. 당연히 미국 부동산은 달러로 거래된다. 국내 주식에서 미국 주식으로 확장을 일궈낸 것처럼, 부동산 또한 국내만이 아니라 미국 부동산으로 확장시켜야 하는 것이다.

최근 정용진 부회장의 미국 저택 구매와는 별개로 많은 톱스타, 정재계 인사들이 미국 부동산을 사들이고 있다. "분산 투자"+"안전한 달러 자산 취득" 두 가지 토끼를 동시에 잡을 수 있기 때문이다. 이들은 미국 부동산의 수익률이나 세금 혜택을 고려하기 이전에, 글로벌 안전자산의 배분을 실현하기 위해서라도 미국 부동산을 적극적으로 매수한다.

THE UNITED STATES

★★★★★★★★★ ★★★★★★★★★

PART

2

미국 부동산
실전 투자 방법
(기본편)

THE UNITED STATES
REAL ESTATE

미국 부동산 종류 총정리, 나는 어떤 부동산을 사야 할까?

1. 주거용 부동산

한국에 다가구/다세대/오피스텔/원룸/아파트 등이 있는 것처럼, 미국에도 다양한 형태의 주거용 부동산이 있다.

한국에서는 34평 아파트를 소위 국평이라고 칭한다. 4인 가족 주거 형태의 그야말로 정석인 셈인데, 미국에서 이 포지션을 차지하고 있는 종류는 싱글 하우스(Single Family Residence)다. 독립된 형태의 디자인에 마당과 차고가 있는, 우리가 전형적인 미국 집을 떠올릴 때 떠오르는 그런 집이다.

한국에서는 대학을 졸업하고 경제적인 독립을 하면서 보통 원

룸에서 생활을 시작하게 된다. 이후 조금씩 거주 공간의 면적을 늘려가면서 많은 수의 사람들이 아파트에 정착하게 된다. 미국에서도 이와 비슷한 개념으로 주거 공간을 옮기는 편이다.

국내의 상황을 생각해보면 알 수 있듯이, 같은 오피스텔이라고 해도 사회 초년생이 살만한 원룸형 오피스텔과 톱스타들이 살만한 최고급 럭셔리 오피스텔은 완전히 다른 종류의 부동산이라고 볼 수 있다. 마찬가지로, 미국의 콘도미니엄이나 아파트 등도 초호화 인테리어로 꾸며진 건물들이 존재한다. 다만 이번 글에서는 독자들에게 미국의 보편적인 부동산 종류에 대해 설명하는 것이 목적이므로, 그러한 부동산들은 배제하고 최대한 일반적인 관점에서 설명하겠다.

우선, 미국에는 아래와 같은 종류의 거주용 부동산이 있다.

- 콘도미니엄
- 타운하우스
- 싱글 하우스
- 아파트
- 멀티 유닛

1. 콘도미니엄(Condominium)

줄여서 콘도라고 하며 한국의 빌라와 비슷한 개념이다. 하지만 규모가 훨씬 크다. 한 건물 내에 5개 이상의 독립된 유닛이 있다.

유닛은 대문이 달린, 하나의 독립된 세대 개념이라고 보면 이해가 편하다. 또한 각 세대별로 고유한 소유권이 있다. 계약서 상 소유권 표현에 에어스페이스(벽으로 둘러싸인 내부 공간)라는 용어를 사용하기도 한다. 고층 형태의 콘도는 High-rise Condo, 5~10층의 콘도는 Mid-rise Condo라고 한다. 건물의 관리는 HOA*(Home Owner's Association)에서 관리 업체를 선정하고 관리 감독한다.

콘도를 구입하고 싶은 경우, 100% 다운페이를 하지 않는다면 다른 모기지론보다 깐깐한 심사를 거치게 된다. 유달리 콘도의 경우 구매자의 재무 상태를 철저하게 점검하는 편이다. 연방주택국(FHA, Federal Housing Administration)의 승인을 받은 콘도라면 그래도 상대적으로 낮은 다운페이/크레딧으로 시도를 해볼 수도 있다. 대신 거주가 아닌 투자로 매매를 했을 경우, 들어가는 고정비용

(HOA 등)이 추가로 발생하기 때문에 합리적으로 고민해보자.

조지아 주 애틀란타의 Peachtree Rd 근처 콘도의 경우 약 22만 달러 정도부터 가격이 형성되어 있다. 다만 오래된 연식(1930-40년에 지어진)과 굉장히 높은 HOA fee(600~800달러)를 감안해야 한다. Marietta St에 있는 콘도의 경우, 약 46만 달러로 부담스러울 수도 있으나, 2020년 지어진 신축이기도 하고, 요즘 건물에 걸맞게 다양한 주민 편의시설들을 활용할 수 있다. 100만 달러에 가까운 초호화 콘도 역시 시내에 있으니, 잘 판단해보자.

•장점
- 자산 가치 상승을 기대할 수 있다.
- 건물 내 부대시설을 자유롭게 이용 가능하다.
- 단지에 대한 입주민들간의 소속감이 높다.

•단점 :
- 주기적으로 HOA에 관리비를 납부해야 한다.(추가적인 비용이 발생한다)

2. 타운하우스(Townhouse)

콘도와 싱글하우스의 중간 형태라고 볼 수 있다. 우선 건설하기에 매우 효율적이며, 건물 외관은 세대가 거의 똑같다. 양옆 세대와 벽을 공유하는 형태이며, 집에 대한 소유권은 갖되 건물 외부는 HOA에서 공동 관리한다. 2채씩 붙어있으면 트윈 하우스라고 한

다. 콘도에서 지내다가 넘어오기 좋은, 싱글이나 아이 없는 부부들에게 최적의 주택 형태라고 할 수 있다.

애틀란타 주 수와니(Suwanee) 지역 기준으로, 40만 달러 초반부터 타운 하우스를 하나씩 발견할 수 있다. 한국의 빌라와 유사하며, 방 3개/화장실 3~4개 정도 되는 구조이다. 고속도로와 얼마나 접근성이 좋냐, 주변의 학군은 어떻냐, 언제 지어졌냐에 따라 가격이나 면적이 바뀔 수 있다. 해당 지역은 50만 달러 초반의 타운 하우스가 주류에 속하니 참고하자.

한국인들에게 많이 알려진 캘리포니아 주 얼바인(Irvine) 지역 타운하우스의 경우, 어지간하면 80만 달러부터 괜찮은 매물들을 발견할 수 있다. 새로 조성된 신도시에, 두말하면 잔소리일만큼 깔끔하게 정돈된 인상을 주는 지역이다. 가격 대비 수익률이 다른 지역들보다는 낮은 편이고, 유학생 가족들이 상대적으로 많이 거주하는 지역인만큼 투자보다는 거주 느낌이 조금 더 강하다.

- **• 장점**
  - 주택 구매 가격이 상대적으로 저렴하다.
  - 층간 소음으로부터 자유롭다.
- **• 단점 :**
  - 건물에 대한 보수나 개조를 하기 위해선 HOA의 허가를 받아야 한다.(제한적이다.)
  - 주기적으로 HOA에 관리비를 납부해야 한다.
  - 옆집과 붙어있는 만큼 사생활 보호가 어렵다.

3. 싱글 하우스(Single House)

정식 명칭은 Single Family Residence 이다. 위에서 설명한 대로, 미국 중산층에게 가장 보편적인 주거형태이다. 완벽하게 독립된 거주공간으로, 마당과 차고가 딸려 있는 형태가 보편적이다. 한국의 34평 아파트 포지션에 해당하며, 거주용/투자용 가릴 것 없이 수요가 몰린다. 또한 완전 신축 매물부터, 지어진 지 100년이 넘은 오래된 매물도 존재한다. 이런 매물들은 차후 FLIP이나 ADU라는 투자를 통해 새로운 가치를 부여할 수도 있다. 그러나 HOA가 없이 주인이 온전히 주택을 관리해야 하며(일부 주택은 존재하기도 함.) 가장 가격대가 넓게 형성되어 있다.

조지아 주의 애틀란타의 수와니(Suwanee), 존스크릭(Johns

Creek) 지역의 싱글 하우스를 살펴보면, "괜찮다"라는 인상을 받는 매물들은 보통 40만 달러 후반~50만 달러 선에서부터 형성되어 있다. 대부분 면적은 2000Sqft 초반에 맞춰져있다. 또한 60만 달러 후반의 싱글 하우스도 있으나 "한국인들이 떠올리는 미국집"의 정석인만큼, 너무 넓은 집은 수요가 상대적으로 낮다. 2022년 4월 기준으로 47만 달러 정도의 싱글 하우스 임대료는 2,600~2,700달러 정도에 맞춰져 있고, 상대적으로 안전한 임대투자가 가능하다.

캘리포니아 주 얼바인(Irvine)은 싱글하우스 가격도 비싸다. 60만 달러가 거의 최하 수준이고, 중위값이 110만 달러~120만 달러일 만큼 높다. 하지만 주택의 외관을 보면, 참 깨끗하고 살고 싶다는 생각이 절로 든다.

LA 부근에서 싱글하우스를 찾을 경우, 최하 40만 달러 부근부터 250만 달러가 넘는 호화주택도 있으니 웹사이트에서 구경하는 재미가 의외로 쏠쏠하다.

•**장점**

- 자산 가치 상승을 기대할 수 있다.

- 층간 소음과 이웃으로 인해 발생하는 문제들로부터 자유롭다.

•**단점 :**

- 구매 가격이 비싸다.

- 본인 소유 건물인 만큼 유지 보수 비용을 전부 본인이 부담해
  야 한다.

4. 아파트(Apartment)

한국에서 부르는 아파트와는 좀 다른 개념이다. 한국의 주상복
합아파트나 오피스텔과 유사하지만, 결정적인 차이가 있다. 미국에
서의 아파트는 오로지 임대를 위한 부동산이다. 한 건물 안에 5개

이상의 독립된 유닛(세대)이 있는 것은 콘도와 같지만, 개인이나 법인이 전체 건물을 소유하게 된다. 각 유닛에 대해 세입자는 1년 단위로 렌트 계약을 체결하고 월세를 납부하면서 거주한다.

외관이 콘도와 비슷한 경우가 많아서, 겉으로는 헷갈리는 경우가 많이 발생한다. 질로우(Zillow.com)에서는 Apartment와 Condo를 구분 지어 표기하니, 어느 정도 도움이 될 수 있다. 아래 사진처럼 픽토그램은 동일한 것을 사용하고 있다.

Facts And Features
🏢 Apartment

Facts And Features
🏢 Condo

출처: Zillow

1유닛이긴 하지만 캘리포니아 주 LA 기준으로 50만 달러 초반부터 검색을 할 수 있고, 조지아 주는 좀 더 싼 20만 달러 후반부터 찾아낼 수 있다. 콘도와 다른 점은, 조회되는 매물 숫자가 굉장히 적다는 것이다. 유닛 5개 이상의 통건물은 현지에서도 웹이 아닌 오프라인에서 많이 다루는 편이고, 일반인들이 구매하기 어려운 액수(400만 달러 이상)로 형성되어 있는 경우가 많다. 때문에 별 다른 이유가 없다면 아파트보다는 콘도를 많이 추천하는 편이다.

· 장점 :
 - 건물 관리를 업체에서 담당하므로 수리 및 관리를 직접 할 필

요가 없다.

- 건물 내 부대시설을 자유롭게 이용 가능하다.

• **단점 :**

- 층간 소음 문제가 발생할 수 있다.

- 재계약 시 월세 증가로 인한 부담이 생길 수 있다.

5. 멀티 유닛(Multi Unit)

Multi Family House, 멀티 패밀리 하우스라고도 하며, 하나의 건물에 2~4개의 세대가 합쳐져 있다. 다세대 주택이고 별도의 집주인이 소유권을 가지긴 하지만 건물 형태에 따라 각 세대별로 "독립적인 거주 공간"이 아닐수도 있다. 화장실이나 주방 등을 공유하는 형태가 일반적이다.

유닛 개수에 따라 듀플렉스, 트리플렉스, 쿼드플렉스로 구분된다. 4개 유닛까지 주택용 모기지론을 받을 수 있기 때문에, 공격적인 임대용 투자 매물을 찾는 사람에게 최적인 형태다. 또한 유닛에 거주하면서 나머지 유닛에 세입자를 받아 수익형 부동산으로 활용할 수 있다. 임차인이 많을수록 관리의 난이도가 올라가며, 대학가 근처의 멀티 유닛인 경우 빈번한 임차인의 변경이 있을수도 있다.

그래도 여러 개의 유닛이 있는 멀티 유닛의 특성상, 같은 면적이라도 싱글패밀리 하우스 대비 더 많은 임차인을 받을 수 있다. 1가구에게 3천 달러의 임대료를 받는 대신, 2가구에게 각 2천 달러의 임대료를 받게 되면 실제 임대 수익은 1천 달러가 더 높아지

게 된다.

멀티 유닛의 매물과 이에 대한 수요는 대도시 부근에 많이 포진되어 있다. 캘리포니아 주의 LA나 조지아 주의 애틀란타 중심가 등이 대표적이다. 대도시에 통학하는 대학생들이나 통근하는 사회초년생들의 경우 멀티 유닛을 매우 선호하는데, 멀티 유닛의 월세가 싱글하우스나 타운하우스 등에 비해 상대적으로 저렴한 편이기 때문이다.

LA 기준으로, 유닛이 2개 이상인 구매할만한 멀티유닛은 70만 달러 정도부터 구경할 수 있다. 유닛이 3-4개인 주류 멀티유닛은 중위값이 140-150만 달러에 형성되어 있고, 1년 임대 수익으로 약 10만 달러 정도까지 노려볼 수 있으니 투자 위주의 물건을 찾는다면 꼭 기억하자.

- **장점 :**
- 임대 수익이 높다.
- 세를 주고 남은 유닛에 집주인도 거주할 수 있다.
- **단점 :**
- 임차인이 많아 관리의 어려움이 있다.

2. 상업용 부동산

상업용 부동산은 "주거용" 부동산보다 수익성이 더 높다. 대신, 투자 난이도 역시 상승하게 된다. 통상적으로 주거용 부동산의 경우 크게 신경 쓸 부분은 임차인 관리와 매물 관리로 나뉜다.

하지만 상업용 부동산의 경우 다양한 변수들이 추가된다. 해당 부동산에서 임차인이 사업을 영위하고 있기 때문에, 임차인의 고객들까지 고려해야 한다. 내 고객의 고객인 셈이다. 뿐만 아니라, 부동산의 덩치도 주거용보다 큰 경우가 대부분이다. 일반 상가의 경우 주차장 부지를 포함하고 있으며, 건물의 유지보수 또한 신경 쓸 부분이 더 많다. 식당인 경우 주방의 덕트가 매우 중요하며, 코인 런더리샵(빨래방)인 경우 수도 배관을 신경 쓰는 식이다.

한국과 마찬가지이지만, 상업용 부동산의 투자 성공을 위해서는 위치한 지역의 상권 분석은 물론이고, 주변 1km / 5km / 10km

거리에 살고 있는 사람들의 구매력(연봉 수준)과, 이사를 나가고 이사를 들어오는 사람들의 수, 연계된 시설 등 종합적인 분석이 필요하다.

이런 거시적인 시야를 보유하고 다각도의 분석이 가능한 믿을 수 있는 리얼터(중개인)*를 찾아내는 것이 무엇보다 중요하다. 상업용 부동산은 약 50만 달러부터 3,000만 달러가 넘는 종합상가까지 가격대가 천차만별이다.

1. 사무실(Office)

아래의 사진은 흔한 사무실 건물이다. 내부에 여러 사무공간이 나뉘어 있는 경우가 있고, 미술 전시관처럼 탁 트인 구조도 있다. 임차인들은 개인보다는 회사나 법인이 많으며, 최근에는 공유 오피스 사업을 영위하는 회사들도 늘어나고 있다. 도심 한복판으로 접

근이 쉬운 지역들이 가격대비 수익률이 좋은 편이며, 주변에 대중교통이 발달해 있어야 매매가 쉬운 편이다.

약 300만 달러부터 1,000만 달러까지, 규모에 따라 천차만별이다.

2. 공장/창고/물류센터(Industrial)

주로 도시 내부보단 상대적으로 외곽에 위치해 있으며, Sqft(미국의 통상 면적 단위, 1평=35.58sqft)당 가격이 Retail(소매점)이나 Shopping Center(쇼핑몰)보다 싼 편이다. 하지만 매물 자체의 면적이 워낙 넓기 때문에, 가격은 수백만 달러가 넘는 것이 기본이다. 최근 몇 년 동안 아마존(Amazon)을 필두로 다양한 물류 회사들이 창고와 물류센터들을 사들이면서, 가격 상승을 이끌었다.

3. 소매점(Retail)

1개의 단일 상가 혹은 3개 정도로 구성된 작은 상가이다. 100만 달러~300만 달러 정도면 매매 진행이 가능하다.

4. 쇼핑몰(Shopping Center)

미국에 살고 있거나 여행을 해본 적이 있다면 익숙할 것이다. 주차장이 20-40개가 있고, 1-2층 정도로 구성된, 다양한 가게들이 낮은 건물에 몰려있는 형태이다. 카페부터 식당, 헤어샵 등 사업의 형태도 다양하며, 한국 시내에 있는 상가라고 보면 된다. LA 기준으로 1,000만 달러 이상 하는 경우가 많다.

개인 vs 법인(LLC), 어떻게 투자하는 게 가장 이득일까?

본 책에서 가장 강조하는 핵심적인 내용이다. 미국 부동산에 대한 배경지식, 직접적인 세금 정보 등을 쌓는 것도 궁극적으로는 직접 투자를 진행하기 위해서일 것이다. 그렇다면 송금 관점으로 투자 방법을 나누는 것이 가장 적합할 것으로 판단된다.

투자 방법은 크게 2가지이다. 바로 "개인 투자"와 "법인 투자"이다.

뒤의 송금 관련 부분에서 자세히 언급할 텐데, 개인 투자보다는 법인 투자가 여러모로 이점이 많다. 송금 시에 준비할 서류, 부동산을 소유하는 기간 동안 발생하는 사후관리 서류, 여러 가지 절세 등이 그렇다. 법인 투자로 진행할 경우 부동산을 매매하면서 발생하는 비용, 임대를 놓은 기간 동안 발생하는 비용 등이 "회사에서 사용한 비용"으로 처리된다. 법인 투자란 말 그대로 회사가 투자하는 것이므로, 이 비용들은 회사 운영 비용으로 처리되어 공제가 가능하다.

법인투자 방법을 알아보자.

미국 내 법인회사는 크게 두 종류로 나뉜다. LLC와 Corp이 그것이다. LLC(Limited Liability Company)는 유한책임회사로, 개인 명의로 법인 설립이 가능하다. Corp는 말 그대로 Corporation. 즉 주식회사를 뜻한다. 세법상 S-Corp*과 C-Corp**으로 나뉘며 모든 법인은 최초에 C-Corp으로 설립된다.

S-Corp의 자격 요건을 갖춘 법인들은 추후 미국 국세청(IRS)에 신청하여 변경이 가능하다. 단 외국인 신분으로는 S-Corp로 변경이 불가능하다.(한국 거주 비영주권자 기준이므로 S-Corp는 생략하겠다.)

이 중에서도, LLC로 투자하는 방법에 초점을 맞춰보자. 미국 입장에서 외국인은 S-Corp으로 투자할 수 없으니, 남은 옵션은 LLC 아니면 C-Corp인데, LLC 쪽에 이점이 훨씬 더 많다.

---

* S-corp: IRS(미국 국세청)에서 세금 혜택을 받는 법인. 미국 시민권자나 영주권자만 주주로 참여 가능.

** C-corp: IRS(미국 국세청) 규칙에 따른 표준 법인. 외국인이 주주로 참여 가능.

LLC의 이점

구분	C-Corp	LLC
유한 책임(Limited Liability Protection)	○	○
유연한 매니지먼트(Flexible Management)	X	○
등록세(Registration Fee)	○	○
법인세(Corporation Tax)	○	X
이중과세*(Double Taxation)	○	X

유한 책임이란, 해당 법인이 소유한 자산까지만 책임을 진다는 뜻이다. 개인 투자와 비교해서도 엄청난 장점인데, 예를 한 번 들어 보자. 개인 투자로 직접 부동산을 매매했을 때 집 세입자한테 소송이 걸렸다. 대문 안쪽의 나무 데크가 튀어나와 있어서 지나가다가 다쳤다는 것이 이유다. 한국에서는 '이런 걸로 소송이 걸린다고?'라고 생각할 수 있지만 미국에서는 심심치 않게 나오는 상황이다. 소송에서 이기고 지고를 떠나 이 소송이 진행되는 동안 나의 한국 자산도 동결된다. 내가 미국 부동산의 주인이기 때문에 내가 보유한 모든 자산에 영향을 끼치게 되는 것이다. 임차인이 다쳤을 경우 치료비와 보상도 진행해야 한다. 혹시 집 가격보다 더 큰 보상을 해주게 되었다면? 혹시 자금을 다른 곳에 활용할 계획이 있었다면? 상

---

* 이중과세(Double Taxation): 법인의 수익에 대한 세금과 각 주주들의 배당금에 대한 세금을 이중으로 부과하는 것.

상만 해도 아찔하다.

반면 법인으로 투자를 하게 되면 이 문제에서 자유로워진다. 내가 법인의 소유주는 맞으나, 부동산의 소유는 법인이 하고 있다. 법인도 법적인 객체이므로 소송이 걸리더라도 "법인이 가진 자산"까지만 책임을 지게 되고 한국에 있는 내 자산은 안전하게 지킬 수 있다.

또한, 미국 법인 설립절차에 있어서 LLC가 더 간편하다. LLC는 1인으로도 설립이 가능하다. 주식회사처럼 형식적인 경영구조가 필요하지 않다. 그러므로 절차 자체가 상대적으로 간단하다. 회사의 채무 관련해서도 마찬가지다. 처분 절차에 있어서도 LLC가 더 쉽다. 주식회사의 경우 주주총회 및 부수 절차를 통해 처분을 진행한다. 반면에 LLC는 개인 회사이기 때문에 주식회사에 비해 더 유연한 매니지먼트가 가능하다.

다음으로, LLC는 C-Corp 대비 또다른 장점이 있다. LLC는 회사면서도 법인세를 내지 않는 특이한 구조다. 이 제도를 Pass Through Taxes*라고 한다. C-Corp과는 달리, LLC는 이사회를 구성하거나 총무를 지명하는 등 형식적인 경영구조를 갖추지 않아도 되기 때문에, 제반 준수사항이 있는 C-Corp에 비해 운영에 대

---

* Pass Through Taxes: LLC 회원(Member)의 소득과 회사의 소득이 분리되어, 회사의 소득에 대한 별도의 세금이 부과되지 않는 제도.

한 부담이 적다.

LLC는 이중과세 이슈에서 자유롭다. C-Corp을 소유하고 있다면, 법인에서 벌어들인 수익에 대한 법인세를 내야 한다. 그 다음 각 주주들이 배당을 가져가는데, 이 C-Corp의 소유주는 결과적으로 2번 세금을 내는 것이다. 반면 LLC는 소속된 멤버와 회사의 소득이 분리되므로, 회사의 소득에 대해 별도로 세금이 부과되지 않는다. 개인의 소득에 대해서만 세금이 붙는 것이다.

아래는 10만 달러의 소득이 발생했을 때 LLC와 C-Corp의 소득을 비교한 것이다. 이해를 돕기 위한 추정치이며, 실제 수치는 주마다 다를 수 있음을 유의하자.

	LLC	C-Corp
소득	$100,000	$100,000
법인세	X	$21,000
연방 개인소득세	$13,500	$9,100
주 개인소득세	$3,900	$2,400
최종소득	$82,600	$67,500

한국에서 "해외직접투자"가 되면서도 미국 현지에서 법인세를 납부하지 않는 특이한 구조이다. 결과적으로 추가적인 세금이 발생하지 않으므로 고스란히 나의 수익으로 잡을 수 있게 된다. 물론, "LLC 멤버 개인" 자격으로의 소득세(연방세, 주세)는 납부해야 한다.

혼자서 LLC 설립이 어렵다고 걱정하지 마세요! POA˚ 완벽 정리

방금까지 LLC와 Corp을 어떻게 설립할 수 있는지 절차들을 확인하였다. 이후로는 미국 입장에서 어떤 포지션 (외국인/영주권자/시민권자)인지에 따라 세부 절차들이 조금씩 달라진다. 결코 쉽지 않은 절차임에는 분명하다. 특히 한국인들에게 잘 알려진 주(캘리포니아, 텍사스, 조지아, 뉴욕 등)가 아닐 경우 더욱 막막한 것이 사실이다.

그래서 LLC나 C-Corp으로 해외직접투자 진행 계획이 있는 경우, 전문가와 협업 하는 것을 추천한다. 자금의 송금 단계부터 현지 법인 설립 진행과 세금 및 회계 처리, 한국에서 사후관리까지 일괄적인 원스탑 서비스가 가능한 업체를 선정하는 것이 좋다. 물론 어느 정도 비용이 들긴 하지만, 적지 않은 자금이 해외로 이동하는 과정에서 리스크를 확연히 줄여주기 때문에 결코 손해는 아닐 것이다.

또한 LLC와 C-Corp 모두 회사의 형태이므로, 미국 현지에 있는 법무법인의 도움을 받는 것이 장기적으로 절세 전략을 짜고 실행하는 데 큰 도움이 된다.

통상적으로 이러한 전문가들에게는 POA(Power Of Attorney)*를 작성하여 업무 대리를 맡기게 된다. 한국에서 흔히 통용되는 "대리인"의 개념이다. 이 POA는 General 버전과 Specific 버전이 있으며 일반적인 절차 진행에 대한 위임, 그리고 특정 액션에 대한 위임으로 나뉘게 된다. 일반적으로 General 버전만으로 충분하지만 절차를 진행하면서 특정 포인트에서는 Specific 버전을 별도로 요구할 수 있으니 미리 파악해 놓자. 다음은 프로퍼티앤비욘드의 실제 POA 진행 사례다.

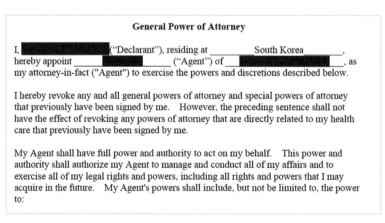

참조: 프로퍼티앤비욘드 고객 실제 진행 사례, General POA. 중요 정보 가림

STATE OF GEORGIA
COUNTY OF GWINNETT

SPECIFIC POWER OF ATTORNEY

KNOWN ALL MEN BY THESE PRESENTS:

That I, ██████████ a resident of the State of _____ being desirous of arranging for the transaction of my business through an attorney in fact, have appointed, ████████████████ named and constituted, as my true and lawful attorney in fact, and do authorize said attorney in fact, for me, and in my name.

(a)   to consummate a certain **PURCHASE** of real property located ████████████ ██ and being more particularly described on Exhibit "A" attached hereto and made a part hereof by this reference, by executing by any security deed, note, or any and all documents need to complete under such terms and conditions as my attorney in fact may deem advisable or satisfactory.

(b)   to execute all deeds, affidavits, closing statements and all other legal documents to acquire title and interest in the above described property.

(c)   to mortgage encumber, convey, rent, lease, pledge or otherwise, the above described property, real or personal, upon such terms as said attorney in fact may deem advisable or satisfactory, and to execute appropriate deeds, conveyance, promissory notes, affidavits, assignments, easements or other obligations or instruments, including contracts for that purpose, upon such terms as said attorney in fact may deem advisable or satisfactory; and further;

참조: 프로퍼티앤비욘드 고객 실제 진행 사례, Specific POA. 중요 정보 가림

다음으로는 구체적인 LLC의 설립 절차도 살펴보자.

1. 법인명 등록

가장 먼저 할 일은 법인명(Business Name) 선정이다. 주마다 요구하는 조건이 다르다. 예를 들어 메사추세츠 주는 직접 시청을 방문해서 등록해야 한다. 캘리포니아 주는 먼저 카운티 웹사이트를 통해 가명(Fictitious Name)을 등록 후 시청을 방문해야 한다. 공통 사항은 아래와 같다.

- 법인 이름의 중복으로 인해 다른 회사의 상표권을 위반하지 않아야 한다.

- 'Limited Liability Company'나 'LLC'를 법인명 뒤에 붙여야 한다.
- 해당 주가 금지한 특정 단어가 포함될 수 없다.(주마다 금지 단어가 다름)

2. 설립 신고

이름을 정했다면 회사 정관(Articles of Organization)을 주 정부에 제출한다. 일반적으로 회사명, 설립 목적, 소재지, 운영방법, 신고자 이름 등이 포함된다. 해당 주 양식에 맞게 제출해야 하고 주마다 요구하는 수수료도 다르므로, 어느 지역에 LLC를 설립할지 미리 생각해 두자. 설립 신고는 온라인으로도 가능하다.

3. 운영 계약서 제정

LLC 운영 계약서(Operation Agreement)를 통해 사업의 소유권 및 운영에 대한 규칙을 설정한다. 일반적인 운영 계약서엔 권리와 책임, 손익 배분 방법, LLC 관리 방법 등이 포함된다. 계약서는 영어로 작성되어야 하기 때문에 상당히 복잡하게 느껴질 수 있다. 제대로 잘 작성하기 위해선 변호사의 도움이 요구된다.

LIMITED LIABILITY COMPANY
OPERATING AGREEMENT OF

This agreement is made effective on the _____ day of _____, _____ among the member(s) and the company.

1. Formation. A limited liability company (LLC) of the above name has been formed under the laws of the State of California by filing Articles of Organization (or similar organizing document) with the Secretary of State (or other appropriate office) on ▇▇▇▇▇▇▇. The purpose of the business shall be to carry on any activity which is lawful under the jurisdiction in which it operates. The LLC may operate under a fictitious name or names as long as the LLC is in compliance with applicable fictitious name registration laws. The term of the LLC shall be perpetual or until dissolved as provided by law or by vote of the member(s) as provided in this agreement. Upon dissolution the remaining members shall have the power to continue the operation of the LLC as long as necessary and allowable under state law until the winding up of the affairs of the business has been completed.

2. Members. The name and address of each initial limited liability company member is:

3. Contributions. The capital contribution of each limited liability company member in exchange for their LLC ownership is:

Name	LLC Ownership	Capital Contribution
▇▇▇▇▇▇	100%	$_____

NOTE: The capital contribution may be in the form of cash (or cash equivalents), labor or services (past or future), or property/equipment/assets other than cash. Regardless of the type of capital contribution, it should be expressed above in a dollar equivalent value that is agreed upon by all limited liability company members. Additionally, there may be accounting/tax ramifications for individuals contributing capital other than cash.

출처: 프로퍼티앤비욘드 고객 실제 진행 사례, Operating Agreement 예시. 중요 정보 가림

4. 라이선스 취득 및 사업자 식별번호 발급

사업자 등록이 되었다면 주 정부 비즈니스 라이선스(Business License)를 발급받는다. 그리고 사업자 식별 번호(EIN, Employment Identification Number)를 신청하여 발급받아야 한다. 회사의 은행

계좌 개설 및 해당 주 세금 납부를 위한 필수 절차이다. 미국 국세청(IRS)를 통해 무료로 발급받을 수 있으며 온라인이나 우편으로도 가능하다. EIN이 발급되었다면, 은행 계좌 개설을 위한 준비가 다 됐다고 볼 수 있다.

아래 예시 사진의 빨간 박스를 보면, 부여된 EIN으로 연관된 세금 처리 등 다양한 업무를 할 수 있으며 계속해서 관련 정보들이 누

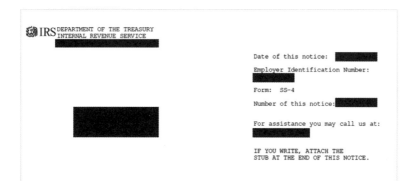

출처: 프로퍼티앤비욘드 고객 실제 진행 사례, IRS에서 발급된 EIN 자료. 중요 정보 가림

적되니 꼭 기억하라는 내용이다.

다음 내용은 참고 사항으로, Corp 기준의 미국 법인설립 절차이다. Operating Agreement* 쪽에 기존 LLC보다 좀 더 정교한 정보들이 들어가야 한다.

1. 법인명 등록

위의 LLC 설립 과정과 크게 다르지 않다. 주마다 요건이 다르며 특정 단어가 포함되는 것을 금지하는 경우가 있다.

2. 설립 신고

회사 정관(Articles of Organization)에 법인 설립자, 이사진, 경영진, 주식 수, 액면가 등을 포함한다.

3. 운영 계약서 제정

법인 설립자 또는 이사에 의해 회사 내규 및 운영 계약서를 작성한다. 일반적으로 다음의 항목들이 포함된다.
- 이사진 구성 및 책임
- 경영진 선출 및 책임
- 주주총회 개최 관련 사항
- 회사 내규 수정 관련 사항
- 주식 양도 제한 관련 사항

4. 임원진 및 이사진 등록

회사의 임원진(대표이사, 재무이사, 총무이사 등)에 대해 주 정부에 보고한다. 보고 기간은 일반적으로 매년 해야 한다. 법인 은행 계좌 개설을 위해 필수적이다.

5. 라이선스 취득 및 사업자 식별 번호 발급

LLC와 동일.

비영주권 한국 거주자가
미국 부동산
투자하는 절차

이번 챕터에서는, 한국인의 미국 부동산을 투자하는 기준(LLC 설립)으로 절차를 알아보겠다. 가능한 모든 상황을 그려볼 수 있도록 짚을 것이며, 아래 기준에 따라 서술하였다.

- 이미 앞에서 구체적인 설명이나 예시 사진이 나온 경우 해당 챕터를 언급
- 필수적인 절차 별도 표시
- 국내에서 도움을 받을 수 있는 회사와 커뮤니케이션 진행 가정
- 부가적으로 필요한 정보 별도 표시(오퍼˚, 카운터 오퍼˚, 오픈 하우스˚ 등)

1. LLC 설립 – 지역 선정

참고 챕터: 혼자서 LLC 설립이 어렵다고? 걱정하지 마세요! POA 완벽 정리

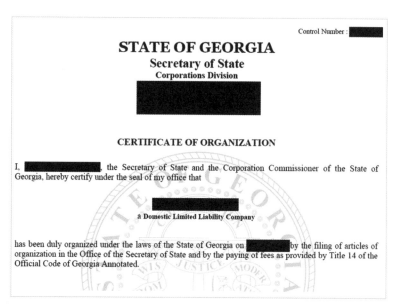

출처: 프로퍼티앤비욘드 고객 실제 진행 사례,
Certificate of Organization. 조지아 주 서식. 중요 정보 가림

너무나 당연하게, LLC 설립부터 진행을 해야 한다. 어떤 주에 LLC를 세울지 미리 생각해두자. LLC를 세운 지역에 매물을 구매해야 한다. 희망하는 LLC 이름을 3개 정도 준비해서, 겹치는 이름이 있을 때 바로 다음 옵션이 진행되도록 한다. LLC 주소는 보통 현지의 회계 사무소로 설정이 되는데, 우편물 등 각종 서류 도움을 받을 수 있다.

한국의 투자자 정보(한글 이름, 영어 이름(여권), 주소, 영어 주소,

전화번호)가 필요하다. LLC의 CEO는 누구인지, 1인 법인일 경우 100% 지분으로 설립한다는 코멘트를 추가하도록 하자. 여권 스캔 본은 가능한 반듯하게 스캔하여, 재요청 없이 한 번에 통과되도록 한다.

위에서 언급한 서류들(Operating Agreement, POA)에 대한 커뮤니케이션이 이어질 것이고, 주 정부에 잘 등록이 되었다면 Certificate of Organization / SS - 4(EIN)을 받게 될 것이다.

2. 은행 계좌

이제 LLC가 설립되었으니, 미국의 은행 계좌를 열어야 한다. POA를 통해 지정된 현지 대리인이 보통 도움을 주게 된다. 보통 외국인 투자자는 계좌를 열기 위해 미국에 방문이 힘들므로, Operating Agreement와 POA로 대행이 가능한 은행에서 진행을 한다. 캘리포니아 주에는 한미은행, 조지아 주에는 프로미즈원 은 행(Promiseone Bank) 등이 있다.

3. 매물 형태 선정

지역은 이미 LLC를 설립할 때 지정되었으므로, 이제 어떤 매물을 살지 결정할 때다. 지금 개략적인 매물의 형태(타운하우스, 콘도, 싱글하우스 등)와 액수를 정해놓아야 다음 절차인 송금 시에 얼마를 신고하고 송금할지 정할 수 있기 때문이다. 일반적으로는 전액 현금으로 구매하는 경우 보다 모기지론을 진행하는 경우가 대부분이다. 모기지론을 진행할 계획이 있는 경우, 다운페이를 몇 %로 설정할 지 미리 계산을 해두는 작업이 필요하다.

4. 송금

챕터 참고: 미국 부동산, 개인 투자 vs 법인투자(LLC) 비교 - 거래의 시작은 송금!

계좌가 열리고 매물 형태가 선정되었다면, 이제 국내에서 송금을 할 수 있다. 거래외국환은행* 지정 신청서, 사업계획서, 해외직접투자신고서, 주민등록등본, 국세납세증명서를 준비해서 은행에 방문하자. 물론 여러 가지 송금방식(SWIFT 송금, 페이팔 등)이 있지만, 가능한 특정 은행 지점을 추천한다. 막대한 액수의 달러를 보내야 하기도 하고, 해외직접투자로 송금할 시 환율 우대를 받을 수도 있다.

통상적으로, 외국인들이 투자할 수 있는 최소 다운페이먼트* 비율은 30-35% 정도이다. 또한, 에스크로 진행 비용+예비 비용은 매매가의 1.3%~1.8% 정도 발생한다.(보수적으로) 액수 파악을 잘 해서 단 한 번의 송금으로 모든 업무가 미국에서 처리될 수 있도록 하자.

5. 사전승인(Pre - Approval) - 모기지 브로커 연결

이제 절차들이 동시에 진행될 타이밍이다. 다운페이 비용과, 에스크로 진행에 필요한 금액이 계좌에 잘 들어갔다. 이 단계까지 왔으면 마음에 드는 매물이 나왔을 경우 즉시 오퍼*를 넣을 수 있다. Pre - Approval은, 내가 구매하고자 하는 매물에 대해 어느 정도 대출이 나올지, 이율과 대출 조건은 얼마가 될지 미리 확인해보는 절차이다.

대부분 Pre - Approval 단계에서 안내받은 조건과 이율이 그대로 연결된다. 다만 기준금리가 요동치는 시즌에서는 0.25%~0.5% 정도, 혹은 심하면 그 이상도 추가 이율이 발생할 수 있다. 이 과정에서 모기지 브로커의 역할이 매우 중요하다. 따라서 여러 모기지 랜더들을 동시다발적으로 비교하고, 가장 최상의 조건으로 대출을 실행해 줄 수 있는 브로커를 찾아야 한다.

이 단계가 중요한 또 다른 이유는 융자 조건을 미리 준비하여 다른 구매자들에게 밀리지 않기 위함이다. 집을 판매하는 입장에서는 가능한 적은 리스크를 지려 하므로, 돈을 융통하는 상대방의 자금이 얼마나 안전한지 증빙을 요구할 때가 있다.

6. 리얼터(Realtor) 선정

보통 위 5번의 Pre-Approval과 비슷한 시기에 진행이 된다. 한국에서 집을 살 때 공인중개사가 필요하듯이 미국에서는 리얼터가 필요하다. 그러나 마음에 잘 맞는 리얼터를 구하는 것은 매우 어렵다. 한국에 거주중인 투자자의 경우 미국에 있는 매물을 직접 보기가 힘들기 때문에, 오로지 신뢰에 기반해서 업무를 진행해야 한다. 지금은 한국인들한테도 널리 알려진 질로우(Zillow.com)나 레드핀 (Redfin.com)에서도 매물을 볼 수 있지만, 리스팅* 되지 않은 우량 매물을 잡기 위해서는 능력있는 리얼터에게 일을 맡기는 것을 추천한다. 매물의 선점이야말로 경쟁력이기 때문이다.

7. 오픈 하우스(Open House)* & 오퍼(Offer) 작성

만약 실거주용 집을 찾고 있다면, 직접 오픈 하우스(Open House)를 방문하는 것이 좋다. 판매자가 집을 팔기 위해 꾸며 놓은 상태에서 방문하는 것이다. 아직 리스팅 되지 않은 매물이라면 이 단계는 생략된다. 이미 집 상태를 잘 아는 리얼터라면, 바로 오퍼를 추천할 수도 있다. 상승장에서는 리스팅된 가격보다 2-3만 달러 더 얹어서 경쟁력을 가져가거나, 전액 현금으로 구매함으로써 판매자의 선택을 받는 전략을 취한다. 통상적으로 기록을 남기기 위해

메일을 보내고, 답변을 받는 것으로 커뮤니케이션이 진행된다.

PURCHASE AND SALE AGREEMENT

Offer Date: _____

2022 Printing

A. KEY TERMS AND CONDITIONS

1. **Purchase and Sale.** The undersigned buyer(s) ("Buyer") agree to buy and the undersigned seller(s) ("Seller") agree to sell the real property described below including all fixtures, improvements and landscaping therein ("Property") on the terms and conditions set forth in this Agreement.
   a. **Property Identification:** Address: _____
      City _____, County _____, Georgia, Zip Code _____
      MLS Number: _____ Tax Parcel I.D. Number: _____
   b. **Legal Description:** The legal description of the Property is *[select one of the following below]*:
      ☐ (1) attached as an exhibit hereto;
      ☐ (2) Condominium (attach F204 Condominium Resale Purchase and Sale Exhibit)
      ☐ (3) the same as described in Deed Book _____, Page _____, et. seq., of the land records of the above county; **OR**
      ☐ (4) Land Lot(s) _____ of the _____ District, _____ Section/GMD,
      Lot _____, Block _____, Unit _____, Phase/Section _____
      of _____ Subdivision/Development, according
      to the plat recorded in Plat Book _____, Page _____, et. seq., of the land records of the above county.

2. **Purchase Price of Property to be Paid by Buyer.**
   $ _____

3. **Closing Costs.**
   Seller's Contribution at Closing: $ 0.00

4. **Closing Date and Possession.**
   Closing Date shall be _____ with possession of the Property transferred to Buyer
   ☑ at Closing **OR** ☐ _____ days after Closing at _____ o'clock ☐ AM ☐ PM (attach F219 Temporary Occupancy Agreement).

5. **Closing Law Firm.** _____ Phone Number: _____

6. **Holder of Earnest Money ("Holder").** (If Holder is Closing Attorney, F510 must be attached as an exhibit hereto, and F511 must be signed by Closing Attorney.) Weissman Law

7. **Earnest Money.** Earnest Money shall be paid by ☑ check ☐ ACH ☐ cash or ☐ wire transfer of immediately available funds as follows:
   ☑ a. $ _____ as of the Offer Date.
   ☐ b. $ _____ within _____ days from the Binding Agreement Date.

출처: 프로퍼티앤비욘드 고객 실제 진행 사례, 오퍼 양식. 중요 정보 가림

8. 카운터 오퍼(Counter Offer)

판매자는 약간 아쉬운 오퍼들을 취합해, 카운터 오퍼(Counter Offer)*를 구매자에게 전달한다. 45만 달러 리스팅 가격에, 47만 달러 오퍼를 받았다고 가정을 하자. 조건이 나쁘지는 않지만, 1만 달러 더 올려서 48만 달러에 SCO(Seller's Counter Offer)를 전달한다. 다시 공은 구매자한테 넘어왔다. 이 정도면 거의 협상은 마무리

된 것이다. 48만 달러에 구매하는 대신, 에스크로 비용을 5천 달러 지원해달라는 BCO(Buyer's Counter Offer)를 다시 전달한다.

집주인은 BCO를 확인하고, 매매가격 48만 달러/에스크로 비용 5천 달러 지원에 합의한다.

9. 에스크로 오픈(Escrow Open)

협의가 끝나고 오퍼가 수락되면, 에스크로(Escrow)가 드디어 시작된다. 한국에는 이 절차가 없어서 조금 생소할 수 있는데, 한마디로 "안전 거래"다. 미국 부동산 거래 시에는 필수적인 요소이다. 신뢰할 수 있는 제3자의 중개 회사가 양측의 거래 과정을 조율하면서, 오픈부터 클로징 단계까지 주관한다. 대략 한 달~한 달 반 정도가 소요되며, 모든 절차가 마무리될 때까지 판매자는 대금을 받을 수 없다. 전 과정에 에스크로 회사의 변호사가 절차를 검토해주기 때문에 안심하고 진행할 수 있다.

10. EMD(Earnest Money Deposit)

에스크로가 오픈되면 계약금을 선입금 한다. 이를 EMD, 흔히 Deposit(보증금)이라고 부른다. 정식으로 돈이 오고가는 첫 번째 단계이다. 한국 부동산 거래의 통상적인 "계약금"과 동일선상에 있다. 매매 가격의 1~3% 정도를 보내게 되며, 합의하기에 따라 어느 정도 달라질 수 있다. 보통 에스크로 오픈 후 3일 안에 디파짓을 해야 한다. 이 역시, 관련된 규정과 기간은 합의한 계약에 따라 달라질 수 있다.

11. 디스클로저(Disclosure)

디파짓 단계까지 완료됐다면, 이제 판매자는 구매자에게 디스클로저(주택에 대한 정보 공개 의무를 뜻한다. 과거에 훼손된 이력이 있는지, 또는 시세에 영향을 줄 만한 정보들을 반드시 이 디스클로저 단계에서 공개해야 한다. 고의로 감추는 경우는 말할 것도 없고, 실수로 전달하지 않았다고 해도 주택 가격에 영향을 미치게 되므로, 법적 다툼으로 이어지기 쉽다.)를 공개한다. 리스팅시에 공개되지 않았던 매물의 중요한 정보들, 말하자면 판매자만 알고 있던 상세 정보들을 공개하는 것이다. 가능한 모든 내용을 명문화(문서로써 명확하게 밝히는 것)하며, 향후 홈 인스펙션 단계의 리포트와 연계될 수 있다.

일반적으로 접근하기 주택의 속사정을 알 수 있으니, 이 단계는 특히 중요하다. 실력 있는 리얼터는 이 디스클로저의 정보를 가지고 클로징 비용을 깎는다든가 하는 화려한 협상능력을 선보일 수 있다.

아래 디스클로저 예시 사진의 경우, 몇 년도에 지어졌는지 등의 구체적인 정보가 담겨 있다.

SELLER'S PROPERTY DISCLOSURE STATEMENT
EXHIBIT "____A____"

2021 Printing

This Seller's Property Disclosure Statement ("Statement") is an exhibit to the Purchase and Sale Agreement with an Offer Date of _____ for the Property (known as or located at: _____ , Georgia, _____). This Statement is intended to make it easier for Seller to fulfill Seller's legal duty to disclose hidden defects in the Property of which Seller is aware. Seller is obligated to disclose such defects even when the Property is being sold "as-is."

A. **INSTRUCTIONS TO SELLER IN COMPLETING THIS STATEMENT.**
In completing this Statement, Seller agrees to:
(1) answer all questions in reference to the Property and the improvements thereon;
(2) answer all questions fully, accurately and to the actual knowledge and belief of all Sellers;
(3) provide additional explanations to all "yes" answers in the corresponding Explanation section below each group of questions, unless the "yes" answer is self-evident;
(4) promptly revise the Statement if there are any material changes in the answers to any of the questions prior to closing and provide a copy of the same to the Buyer and any Broker involved in the transaction.

B. **HOW THIS STATEMENT SHOULD BE USED BY BUYER.** Caveat emptor or "buyer beware" is the law in Georgia. Buyer should conduct a thorough inspection of the Property. If Seller has not occupied the Property recently, Seller's knowledge of the Property's condition may be limited. Buyer is expected to use reasonable care to inspect the Property and confirm that is suitable for Buyer's purposes. If an inspection of the Property reveals problems or areas of concern that would cause a reasonable Buyer to investigate further, Buyer should investigate further. A "yes" or "no" answer to a question means "yes" or "no" to the actual knowledge and belief of all Sellers of the Property.

C. **SELLER DISCLOSURES.**

1.	GENERAL:		YES	NO
	(a)	What year was the main residential dwelling constructed? 1950		
	(b)	Is the Property vacant?		✔
		If yes, how long has it been since the Property has been occupied? _____		
	(c)	Is the Property or any portion thereof leased?	✔	
	(d)	Has the Property been designated as historic or in a historic district where permission must be		

출처: 프로퍼티앤비욘드 고객 실제 진행 사례, Disclosure

12. 홈 인스펙션(Home Inspection) & 수리 요청

집을 꼼꼼하게 샅샅이 들여다보는 단계이다. 전문 홈 인스펙터가 작업을 진행한다. 주택의 외벽, 지붕, 배수가 되는 홈통 등과 더불어 내부의 두꺼비집, 중대한 하자 보수 등을 모두 찾아낸다. 공정성을 위해 홈 인스펙터는 랜덤으로 배정된다. 아래 예시의 항목처럼, 무려

100페이지가 넘는 분량으로 인스펙션을 진행할 만큼 꼼꼼하게 들여다본다. 집에 혹시 문제점이 있는지, 경고 수준으로 사용할만한지, 반드시 고쳐져야 하는지 등을 기입하게 된다.

비용은 집의 위치와 크기에 따라서 달라진다. 수영장이 있는지 없는지, 집의 평수가 어떠한지에 따라서 비용은 다르게 책정된다. 비용은 대략적으로 350~750달러 사이에 형성되어 있다. 홈 인스펙션 자료를 토대로 구매자는 판매자에게 정식으로 수리를 요청할 수 있으며, 당장 수리가 어려울 경우 해당 부분에 대한 비용을 차감해서 돌려받을 수도 있다.

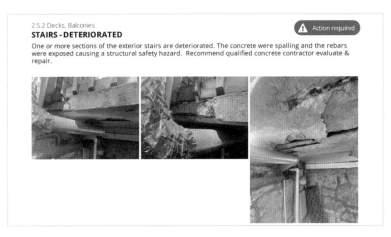

출처: 프로퍼티앤비욘드 고객 실제 진행 사례, 인스펙션 리포트 중대 하자 예시

위 사진은 중대 하자에 해당하는 항목이다. Action Required(수정 필요 항목)가 있으며, 철근이 노출된 부분에 새로이 콘크리트 시공을 해야 하는 경우다. 공식적으로 판매자에게 수리를 요청할 수 있

다. 수리 요청을 할 때에는 아래와 같은 F704 form을 사용하며, 필요한 항목들을 인스펙션 리포트에 기반하여 전달한다. 인스펙션과 관련된 상세한 이야기는 다른 챕터에서 추가로 다루도록 하겠다.

AMENDMENT TO ADDRESS CONCERNS WITH PROPERTY AMENDMENT #_____

[TO BE USED ONLY IF CONTRACT IS SUBJECT TO A DUE DILIGENCE PERIOD]

Date: _____

2022 Printing

Whereas, the undersigned parties have entered into a certain Agreement between _____ ("Buyer") and _____ ("Seller"), with a Binding Agreement Date of _____ for the purchase and sale of real property located at: _____, Georgia _____ ("Agreement").

Whereas, the undersigned parties desire to amend the aforementioned Agreement, it being to the mutual benefit of all parties to do so. This Amendment shall become effective on the date when the party who has accepted the Amendment delivers notice of that acceptance to the party who proposed the Amendment in accordance with the Notice section of the Agreement.

This Amendment is intended to set forth the agreement of the parties relative to concerns raised by Buyer during the Due Diligence Period. If this Amendment does not become effective during the Due Diligence Period, it shall become null and void and of no legal force and effect.

In consideration of Seller agreeing to address certain concerns of Buyer with Property, all parties agree that if this Amendment is signed by Buyer and Seller and delivered to both parties, the remainder of Buyer's Due Diligence Period ☐ shall OR ☐ shall not terminate.

Now therefore, for and in consideration of the sum of Ten Dollars ($10.00) and other good and valuable consideration, the receipt and sufficiency of which is hereby acknowledged, the parties hereto agree to modify and amend the Agreement to address the following concerns existing with the Property and for such other purposes as are set forth below:

[The following language is furnished by the parties and is particular to this transaction]

Seller will repair the following structural repair items per the inspection report (provided by National Property Inspections and dated _____ prior to final walkthrough):

1. Stairs - Deteriorated (2.5.2 Decks, Balconies): One or more sections of the exterior stairs are deteriorated. The concrete were spalling and the rebars were exposed causing a structural safety hazard. Recommend qualified concrete contractor evaluate & repair.
2. Cross Bracing Needed (see 2.5.4 Decks, Balconies): Deck needs cross-bracing to prevent excessive lateral movement which could cause structural failure.
3. Electrical / GFCI protection (see 14.4.1 Electrical / GFC Protected): Grounds: Ground fault Circuit Interrupter GFCI outlets not present. Industrial standards since approximately 1987 indicate all kitchen countertop electrical outlets have GFCI protection for additional safety
4. Outlet had open ground (see 14.4.2 Electrical / GFCI protection): One or more outlets had an open ground and should be rewired by a qualified contractor

출처 : 프로퍼티앤비욘드 고객 실제 진행 사례, F704 폼

13. 터마이트 인스펙션(Termite Inspection)

미국 집을 구매할 때 빼놓을 수 없는 과정이 바로 터마이트 인스펙션(Termite Inspection) 단계다. 보통 위의 홈 인스펙션과 별개

로 진행한다. 터마이트는 바로 흰개미인데, 미국은 목조 주택이 많은 관계로 이 흰개미에 의한 피해가 매우 빈번하다. 보통 집주인이 진행하는 단계이며, 계약 상황에 따라 구매자가 비용을 지불하는 경우도 있다.

14. 어프레이절(Appraisal)˚

어프레이절(Appraisal)이란, 구매하려는 주택에 대해 공인감정사가 가치를 평가하는 단계다. 주택 감정은 모기지론을 받기 위한 필수 절차이며, 보통 에스크로 오픈 후에 시작하고 늦으면 인스펙션 후에 감정가가 나오기도 한다. 일반적으로 1주일 정도 소요되며 어프레이절 신청 비용은 감정사마다 상이하다.

감정 결과는 감정사가 판단한 근거가 명시되어 있는 보고서 형태로 확인할 수 있으며 만약 문제가 있다면 재감정을 요청할 수 있다. 이후 감정이 확정되면, 해당 보고서는 모기지론을 제공하는 랜더 측으로 전달된다.

15. 컨틴전시 리무브(Contingency Remove)˚ 서명

컨틴전시(Contingency)란, 에스크로 오픈 후에 계약이 취소될 수 있는 조건들을 뜻한다. 한국말로는 우발사고 조항 정도로 해석할 수 있다. 즉 컨틴전시 리무브(Contingency Remove)란, 구매자가 100% 미국 집 구매에 확정을 하는 절차라고 볼 수 있다. 따라서, 컨틴전시 리무브에 서명하기 전에 꼭 놓친 부분은 없는지 계약 조항을 꼼꼼히 살펴봐야 한다. 한번 서명하면 무를 수 없고 이로 인해 추후에 문제가 발생한다면 모두 구매자의 책임이 되기 때문이다.

이 컨틴전시 리무브 전까지는, 계약을 파기해도 앞선 디파짓 (EMD)를 돌려받을 수 있다.(다만, 중간에 발생한 실비용인 홈 인스펙션, 어프레이절 등은 어떤 계약 조건이었는지에 따라 돌려받지 못할 수도 있으니 사전에 주의하자.)

16. 파이널 인스펙션(Final Inspection) *

앞서 요청했던 수리가 완료되면 약속했던 대로 잘 고쳐졌는지, 처음 인스펙션한 것과 달라진 점이 있는지 구매자가 마지막으로 확인하는 과정인, 파이널 인스펙션(Final Inspection)을 진행한다. 수리 요청 이후로도 집주인이 실수로 의도치 않게 집을 파손시키는 일도 있다. 그렇기 때문에 한 번 더 확인하는 과정을 거친다.

17. 아포스티유(Apostille) *

놓치기 쉬운 중요한 항목이다. 아포스티유(Apostille)란, 한국에서 발급한 공문서를 미국에서도 효력이 발생할 수 있게 맺어진 협약이다. 아포스티유 서류를 전달해야 할 곳은 에스크로 회사이며, 아포스티유가 필요한 서류는 POA 이다. 이때 필수적으로 챙겨야 할 부분이 2가지 있다.

1. 개인 자격으로의 POA
2. LLC 오너 자격의 POA

이렇게 2가지를 미리 준비해두어야 하고, 당사자가 한국 공증 사무실에 반드시 직접 방문해야 한다.

사전에 협의된 공증 사무실에 방문하면, 반드시 당사자가 2가지 서류에 싸인을 해야 한다. 이 부분에서 한국의 대리인이 공증을 맡기게 되면 특정 주나 특정 에스크로 회사에서는 인정하지 않는 경우가 발생할 수도 있기 때문이다. 이후 변호사가 해당 서류에 공증을 진행하면, 공증이 진행된 서류로 외교부에서 영사확인을 받고 아포스티유 발급을 받게 된다.

발급이 완료되면 스캔본부터 송부하고, 원본 서류는 미국 현지의 대리인 혹은 에스크로 회사에 바로 보내면 된다. 아포스티유 서류 진행 여부에 따라 에스크로 클로징에 영향을 받을 수도 있으니 주의하자.

18. 다운페이 송금

파이널 인스펙션이 완료되고 은행의 융자 승인 서류가 에스크로 회사에 도착하면, 다운페이먼트(Down Payment) 할 돈을 에스크로 회사에 송금한다.

19. 소유권 이전

송금이 완료된다면 에스크로 회사에서 소유권 이전 등기를 신청하게 된다. 오전에 신청하면 오후에 처리가 될 정도로 빠르게 완료되며, 집주인의 명의에서 구매자의 명의로 소유권이 넘어간다.

20. 에스크로 클로징

소유권이 넘어가면 매매 과정을 마무리하는 에스크로 클로징(Escrow Closing)을 하게 된다. 구매자와 집주인이 클로징 일정을 조율하며,(이후 각자의 이사 때문에 구매자는 금요일에, 집주인은 일요일에 클로징을 선호한다.) 클로징 비용으로는 보험비, 변호사비, 3개월분 부동산 세금 등(에스크로마다 다름)이 포함된다. 클로징 비용은 사전에 조율한 계약 사항에 따라 세부적인 변동이 있을 수 있다.

은행 송금의 모든 것! 개인 투자와 법인 투자

외국인이 해외로 자금을 송금하기 위해서는(한국에서 미국으로) 외국환거래법에 의거한 외국환거래규정을 반드시 지켜야 한다. 요점은, "한국에서 반출된 외화는 반드시 한국으로 반입되어야 한다"라는 부분이다. 이를 위해 사전에 "거래외국환은행"을 지정하여 송금에 관련된 사후관리를 받게 된다.

외국환은행이란, 외국환거래법에 의해 허가를 받고 각 나라간의 송금 관련 업무를 진행하는 은행을 말한다. 국민은행, 신한은행, 하나은행 등 대부분의 시중은행이 이 역할을 수행할 수 있다.

우리나라에서는 건당 5천 달러, 연간 누적 5만 달러까지는 신고 없이 해외 송금이 가능하다. 하지만 해외 부동산의 경우 액수가 매우 크므로, 반드시 거래외국환은행을 지정해서 송금하도록 하자.

아래 사진은 국민은행의 거래외국환은행 지정 서식 예시이다. 지급증빙서류 미제출 송금, 해외 유학생 체재자 송금, 해외이주비, 해외 부동산 취득, 재외 동포 국내 재산 반출 등등 이외에도 다양한 거래 항목이 있다.

〈지침서식 제1-2호〉

거래외국환은행 지정(변경) 신청서

지정인 성명(상호):　　　　　(인)　　주민등록번호(사업자등록번호):
　주 소:　　　　　　　　　　　　　　전화번호:
대리인 성명:　　　　　　　(인)　　주민등록번호(사업자등록번호):
　주 소:　　　　　　　　　　　　　　전화번호:
(해외교포여신위급국외금융기관명:　　　　　　　　　　　)
아래 항목에 대하여 귀행을 거래 외국환은행으로 지정(변경)하고자 하오니 확인하여 주시기바랍니다.

거 래 항 목	거 래 항 목
( ) 1. 거주자의 지급증빙서류 미제출 지급(연간 미화 5만불 이내 자본거래 신고예외 포함) (제4-3조제1항제1호, 제7-2조제8호) - 금년중 송금누계액(변경전 거래외국환은 행의 확인):U$	( ) 57. 해외교포 등에 대한 여신관련 원리금 상환 보증, 담보제공 등(제7-18조 제3항)
	( ) 59. 해외직접투자를 하고자 하는 자(제9-5조)
	( ) 61. 거주자의 해외예금(제7-11조 제2항)
( ) 2. 해외체재비(제4-5조 제2항)	( ) 62. 비거주자의 국내증권 발행 (제7장 제5절 제2관)
( ) 8. 외국인 또는 비거주자의 국내보수, 소득 또는 연금 등의 금액 지급 및 연간 미화5만불 이하의 지급(제4-4조 제1항 제3호, 제2항)	( ) 63. 재외동포 국내재산반출(제4-7조)
	( ) 71. 거주자의 외화자금(외국인투자기업의 단기외 화자금 포함) 차입 및 처분(제7-14조)
( ) 9. 거주자 등의 대북투자 (재경원고시 1995-23. 95.6.28)	( ) 72. 북한에 관광비용을 지급할 관광사업자 (재경부 고시 외관 41271-270.98.11.12)
( ) 13. 현지금융을 받고자 하는 자 등(제8-2조)	( ) 74. 단체해외여행(연수)경비 등(제4-5조 제3항)
( ) 14. 해외지사설치, 영업기금, 설치비, 유지활동비 지급 및 사후관리(제9장 제2절)	( ) 75. 해외이주비(제4-6조)
( ) 16. 환전영업자(제3-2조 제4항)	( ) 76. 거주자의 자금통합관리(제7-2조)
( ) 32. 국내지사의 설치 영업자금 도입 및 영업 수익 대외송금(제9장 제3절)	( ) 77. 거주자의 원화자금 차입 및 처분(제7-15 조)
( ) 33. 상호계산 실시업체(제5-5조)	( ) 78. 거주자의 해외 부동산의 취득 및 매각 (제9-39조 제2항)
( ) 53. 거주자의 외화증권발행(제7-22조 제2항)	( ) 79. 거주자의 연간미화 5만불이하 자본거래 영수 (제7-2조 제9호)

변경전 지정거래외국환은행의 경유확인:	은행　　　장(인)

위 신청을 지정(변경지정) 확인함	지정확인번호	
은행　　　부(겸)장 (인)	지 정 일 자	20 .

출처: 국민은행 거래외국환은행 지정 서식

기본 제출 서류	부수	특이사항
거래외국환은행 지정 신청서	2부	최초 지정시 1회만
해외부동산취득 신고(수리)서	2부	
신고인 실명확인증표	1부	사본, 여러 명일 경우 각각
부동산 매매(임대차) 계약서 또는 분양계약서	1부	
거래 상대방의 실체 확인 서류	1부	계약서에 명시되어 있는 경우 생략
부동산 감정평가서 또는 분양가격 확인이 가능한 서류	1부	임차권 취득은 제외
국세납세증명서	1부	관할 세무서장 발행
주민등록등본	1부	영업일 3일 이내 발급
필요시 추가 제출서류	부수	특이사항
해외체재 입증서류	1부	장기체류 비자 등, 주거용 주택 취득할 때
모기지론 관련 서류	1부	현지 금융기관에서 일부 자금 조달할 때
사후 관리 제출 서류	부수	특이사항
해외부동산 취득보고서	1부	부동산 취득 대금 송금 후 3개월 이내
해외부동산 처분(변경)보고서	1부	처분 또는 명의변경 후 3개월 이내
계속보유사실 입증서류 (부동산 등기부등본 등)	1부	신고수리일 기준 매 2년 단위 (임차권 제외)

출처: 프로퍼티앤비욘드, 개인 투자 시 필요한 서류

개인 투자는 법인 투자에 비해 송금 측면에서 까다로운 부분이 많다. 위 서식의 "78. 거주자의 해외 부동산의 취득 및 매각"을 골라야 한다. 또한, 증명 및 보고가 추가로 필요하다. 어떤 목적으로 부동산을 취득해야 하는지 목적을 알려야 한다. 또한, 부동산 취득을 위해 해외 송금을 하려면, 반드시 "자금 출처"를 증빙해야 한다. 부동산 매매 계약서나, 거래 상대방에 대한 실체 확인서류 등 기본 제출 서류의 종류가 많다.

거래가 잘 이루어진 이후에는, 외국환거래규정 제9-9조에 의거하여 "사후 관리" 단계가 필요한데, 해외부동산 취득보고서를 송금 후 3개월 이내에 제출해야 한다. 또한 2년마다 수시로 보고해야 하며, 처분을 하게 되면 이 또한 3개월 이내 처분 보고서를 제출해야 한다.

반면, 법인 투자는 개인 투자에 비해 송금 시 준비할 서류부터 차이가 난다.

기본 제출 서류	부수	특이사항
거래외국환은행 지정 신청서	2부	최초 지정 시 1회만
해외직접투자 신고서	1부	
사업계획서	1부	
사업자등록증 사본	1부	법인/개인사업자
국세납세증명서(납세사실증명서는 안됨)	1부	개인/법인/개인사업자
주민등록등본 (신청일로부터 영업일 3일 이내)	1부	개인/개인사업자
필요시 추가 제출서류	부수	특이사항
현물투자명세표	1부	현물출자 방식으로 투자할 때
합작투자계약서	1부	현지 기준 비거주자와 합작투자할 때

사후 관리 제출 서류	부수	특이사항
송금(투자)보고서	1부	송금 또는 투자 즉시
외화증권(채권) 취득보고서	1부	자금 투입 후 6개월 이내
연간사업실적보고서	1부	회계기간 종료 후 5개월 이내
청산 및 대부채권 회수보고서	1부	청산자금 영수/원리금 회수 후 즉시

출처 : 프로퍼티앤비욘드, 법인 투자 시 필요한 서류

법인 투자란, 말 그대로 미국 현지에 회사를 세워서 진행하는 투자 방법이다. 개인 투자와 법인 투자의 가장 두드러지는 서류의 차

〈규정서식 제9-1호 서식〉

해 외 직 접 투 자 신 고 서 (보 고 서)　　처리기간

신고인(보고인)	상　　호		사업자등록번호	
	대 표 자	(인)	법인등록번호	
			주민등록번호	
	소 재 지			
	업　　종			
해외직접투자내용	투 자 국 명		소 재 지	
	투 자 방 법		자 금 조 달	
	투 자 업 종		주 요 제 품	
	투 자 금 액		출 자 금 액	
	투 자 비 율		결 산 월	
	투 자 목 적			
	현 지 법 인 명(영 문)		(자본금: 　　　　)	

외국환거래법 제18조의 규정에 의거 위와 같이 신고(보고)합니다.

년　　월　　일

외국환은행의 장 귀하

위와 같이 신고(보고)되었음을 확인함	신고번호	
	신고금액	
	유효기간	

피신고(보고)기관 : 외국환은행의 장 (인)

〈첨부서류〉 1. 사업계획서(자금조달 및 운영계획 포함)
2. 합작인 경우 당해 사업에 관한 계약서
3. 외국환거래법 시행령 제8조 제1항 제4호에 규정된 금전의 대여에 의한
　 해외직접투자인 경우에는 금전대차계약서
4. 해외투자수단이 해외주식인 경우, 당해 해외주식의 가격적정성을 입증할 수 있는 서류
　 ※ 업종은 통계청 한국표준산업분류표상 세세분류코드(5자리) 및 업종명을 기재
　 ※ 출자금액란에는 액면가액과 취득가액이 상이한 경우 액면가액을 기재

출처 : 국민은행 해외직접투자 신고서 서식

사업계획서

☐ 증권투자(1.신규투자 2.증액투자) ☐ 대부투자   ☐ 제재기관 보고후 사후신고

1. 투자자 현황

상호 또는 성명			설 립 년 월 일	
소 재 지(주 소)				
투 자 자 규 모	☐ 대기업 ☐ 중소기업 ☐ 개인사업자 ☐ 개인 ☐ 기타(비영리단체 등)			
투자자 법인성격	☐ 실제영업법인 ☐ 특수목적회사(SPC)[1]			
외국인투자기업[2] 여부	☐ 아니오	☐ 예 - 최대주주명: - 최대주주 소속 국가 :	(지분율: %)[3]	
총 자 산			자기자본(자본금)	
업 종 (제 품)			담당자 및 연락처	

주) 1. SPC는 고용, 생산활동 및 물적 실체가 거의 없으며, 자산·부채는 타국에 대한 또
는 타국으로부터의 투자로 구성되고 해외직접투자자에 의해 관리되는 법인임
2. 외국인투자기업은 외국 투자자가 외국인투자 촉진법에 따라 출자한 기업임
3. 지분율이 50%를 초과할 경우 최대주주의 최대주주 소속국가:＿＿＿＿＿＿
및 최대주주명:＿＿＿＿＿＿＿＿＿＿(지분율: %)

2. 현지법인 현황

법 인 명		대 표 자		
법인형태	☐법인 ☐개인기업 ☐기타 ☐해외자원개발사업 (☐법인설립 ☐법인미설립)	설립(예정)일	년 월 일 ☐ 자본금 미납입	
총자본금		종업원수	한국인: 명, 현지인: 명	
투자형태[1]	☐ 단독투자 ☐ 공동투자 ☐ 합작투자(지분율: %)			
주투자자 내역	상호		사업자번호	
	대표자명		법인등록번호	
법인성격	☐ 실제 영업법인 ☐ 특수목적회사(SPC)	설립형태	☐ 신설법인 설립 ☐ 기존법인 지분인수 -지분인수비율: % (구주: %, 신주: %)[2]	

이점은, 바로 "해외직접투자신고서"와 "사업계획서" 부분이다.

우선, 미국 현지의 "회사"가 투자를 진행하는 것이므로, 해당 투
자가 적법하다는 전제하에 무엇이라도 가능하다. 부동산을 매입할
수도 있고, 물건을 구매해서 수입할 수도 있고, 현지의 카페를 운영

해도 될 것이다. 또한 자금 출처에 대한 증빙이 필요 없다. 위 거래 외국환은행 지정 서식에서는 "59. 해외직접투자를 하고자 하는 자"를 선택하게 된다.

사후 관리 단계 역시, "연간사업실적보고서"가 핵심이 된다. 미국 현지에서 운영되고 있는 회사의 회계 자료를 담아 제출하는 것이다.

구분	법인 투자(해외직접투자)	개인 투자(해외부동산 구매)

신고	사전에 '지정거래외국환은행'을 통해 신고	- 외국환은행에 사전신고
		  2년 이하 주거 목적인 경우 한국은행 총재 앞,
		  2년 이상 주거목적 혹은 이외의 목적인 경우 외국환은행 앞 신고
		- 해외금융사 예치 시 신고

증명	자금출처증명 불필요	자금출처증명 필요 (증여세 해당여부 증명)
보고	등록 후 외화증권취득보고서 및 연간사업실적보고서 보고	최초 부동산 신고 이후에도 취득보고 (송금 후 3개월 이내) 수시보고(2년마다), 처분보고(3개월 이내) 제출

출처: 프로퍼티앤비욘드

개인 투자와 법인 투자의 특징들을 요약했다. 자금 출처의 증빙 부분과, 송금 시에 지정한 거래외국환은행에 제출할 서류들, 그리고 사후 관리 영역에서의 서류들이 차이난다.

진짜 좋은 매물 찾는 방법,
질로우와 레드핀만
있는 것이 아니다

　　　　　　　부동산 투자를 진행하게 되면 큰 돈이 묶이
게 되고 쉽게 청산하기 어렵다. 따라서 매물을 고를때는 가능한 신
중하게 접근해야 한다. 요즘은 레드핀(Redfin.com) 이나 질로우
(Zillow.com) 같은 사이트에서 원하는 지역에 있는 매물들을 정말
쉽게 찾을 수 있다. 하지만 한국에서 부동산 임장을 가본 분들은 알
것이다. 정말 좋은 매물들은 네이버 부동산에 올리기도 전에 빠르
게 거래되는 경우가 많다. 이런 매물들은 본격적으로 시장에 나오
기 전, 중개사들이 기존에 알고 지내던 투자자들에게 정보를 주기
때문에 바로 거래가 이뤄진다.

　미국도 상황은 다르지 않다. 오히려, 한국과 똑같다고 해야 할

것이다. 결국 현장의 실무는 미국의 리얼터들이 진행하는 것이고 오픈 마켓에 올라오지 않은 우량 매물, 혹은 판매자와의 관계를 통해 확보해둔 숨은 매물 역시 리얼터가 정보를 가지고 있다.

이를 위해서는 같은 지역이라도 다양한 리얼터와 관계를 맺어둘 필요가 있다. 또한, 알짜배기 리얼터를 만나기 위해서는 알짜배기 리얼터와 그저 그런 리얼터를 구분할 수 있는 안목을 미리 키워두어야 한다. 이런 안목을 키우기 위해서는 투자자 본인이 좋은 매물을 볼 줄 알아야 한다. 이번 글에서는 매물을 볼 때 유의 깊게 살펴야 하는 항목들을 하나씩 익혀보도록 하자.

1. 구입 예산은?

이는 모든 투자의 기본이 되는 항목이다. 세상에는 많은 투자종목들이 각기 다른 예산과 다른 기대수익률을 가지고 있다. 내가 가지고 있는 자본으로 어느 정도의 부동산을 매입할 수 있는지 가장 먼저 파악해야 한다. 영주권자/시민권자인 경우 바로 융자 사전 승인서(Pre-Approval) 절차로 얼마까지 대출이 나오는지 비교적 빠르게 확인해볼 수 있다.

미국 관점에서 외국인 투자자는 다운페이먼트를 35~40% 정도까지 준비하는 것을 기준으로 삼으면 도움이 될 것이다. 추가적으로 발생하는 예비 비용도 따로 준비돼야 한다. 통상적으로 에스크로 클로징 비용을 감안하여 매물 가격의 1.5%~2.0% 정도를 준비해두면 변수가 발생해도 상당 부분 대응할 수 있다. 준비해야 하는 추가 비용은 각 주의 절차에 따라 조금씩 차이가 날 수 있으니 미리 확인해두어야 한다.

2. 자연재해 지역인가?

한국과 달리, 미국에서는 자연재해가 자주 발생하는 지역인지 확인하는 것이 중요하다. 비가 많이 오지 않아 건조한 지역을 떠나 수자원이 풍부한 곳으로 이사를 가거나, 너무 더운 지역을 피해서 상대적으로 서늘한 북부 지역으로 이사하는 사례들이 대표적이다.

이 자연재해는 미국 부동산을 매매할 때 필수적인 Home Insurance(집 보험)와도 연관되어 있다(보험에 대해서는 뒤에서 자세히 다루도록 한다). 미 연방정부가 지정한 홍수 다발 지역에 위치한 주택을 예로 들면, 다른 지역보다 높은 보험료를 부담해야 한다. 지진이 자주 발생하는 지역도 마찬가지이다. 이처럼 홍수 보험, 지진 보험 등 자연재해가 발생했을 때 지원 받을 수 있는 보험을 꼭 챙기자.

3. 왜 파는지?

나의 리얼터(중개인) 역량을 가늠해 볼 수 있는 중요한 항목 중 하나다. 집을 왜 팔게 되었는지 파악할 수 있다면, 오퍼 단계(매매 흥정)에 큰 도움이 된다. 직장 때문에 다른 주로 거처를 옮겨야 하거나, 자식들이 모두 독립해서 더 이상 큰 집이 필요하지 않거나, 건강상의 이유 등등 다양하다. 뛰어난 리얼터들은 이러한 내용들을 파악해서 셀러 측과의 협상에 적극적으로 활용한다. 다른 주로 이사해야 하는 사람일 경우 빨리 집을 비워서 대금을 받고 싶을 것이다. 상황을 활용해서 거래 절차 진행에 적극 도움을 주고 클로징 비용을 일부 지원받는 식으로 협상을 하는 경우가 많다.

4. 포함된 가구는?

한국 붙박이장처럼, 미국 주택에도 붙박이 가구(Fixture)가 설치된 곳들이 있다. 이 붙박이 가구는 매매할 때 집값에 포함된다. 싱크대, 욕조, 다양한 캐비닛, 수납장 등이 일반적으로 해당하고, 블라인드나 커튼, 샹들리에 같은 애매한 물품들은 계약서에 포함이 되었는지, 가격을 어떻게 조정할 건지 확인해야 한다. 해당 주택에 살면서 맞춤형으로 제작한 물건들이 많으니, 꼭 사전협의를 통해 불필요한 분쟁을 피해가자.

5. 리모델링이 있었나?

종종 발생하는 케이스다. 판매자의 설명과 정부에 등록된 기록이 일치하지 않을 때다. 방이 4개라고 했는데 정부 기록상 3개밖에 없을 경우, 판매자가 무허가로 방을 나눴을 확률이 크다. 각 주에서 안내하는 건축 규정을 따르지 않아 승인이 나지 않았거나, 아직 승인을 올리지 않은 것이다. 리모델링은 집의 가치와 직접적으로 연관되는 대규모 공사에 해당하므로, 꼭 관할 시로부터 허가가 있었는지 확인하자.

6. 지붕 수명은?

지붕의 수명 확인을 놓치지 말자. 통상적으로 홈 인스펙션 단계에서 지붕 점검이 포함되기는 하지만, 현지의 리얼터한테 지붕을 강조하는 것을 추천한다(능력 있는 리얼터는 알아서 챙겨줄 것이다). 타운하우스나 싱글패밀리 하우스의 경우 지붕 수리가 필요하면 많게는 수만 달러까지 지출할 수 있으므로, 미리 확인해서 가능한 지출을 줄여야 한다.

7. 각종 설비의 수명은?

집에서 사람이 쾌적하게 살 수 있도록 도와주는 각종 설비들과 가전제품들의 수명을 확인하자. 냉난방기, 주방에 있는 오븐이나 덕트 등이 해당한다. 비용은 들었지만 이사를 가면서 가져가기 힘든 경우가 많기 때문에, 몇 년 정도 사용했는지 파악을 해두어야 고장 가능성과 교체 시기 등을 예측할 수 있다.

만약 해당 설비가 신품에 가깝다면 '품질 보증서(Warranty)'가 있을 것이다. 해당 자료들을 꼭 챙겨놓자. 반면 너무 오래된 제품이라서 고장 발생 확률이 높다면 판매자한테 '홈 워런티(Home Warranty)' 프로그램을 미리 구입해달라고 주문하자. 수리 시 비용을 아낄 수 있다.

8. 보험 청구 기록은?

내가 주택을 매매할 때 필수적으로 집 보험을 드는 것처럼, 이전의 집주인도 보험을 들었을 것이다. 어떤 항목으로 보험금이 청구되었는지 이력을 미리 파악하자. 자동차의 사고이력을 조회하는 것과 마찬가지다.

클루(CLUE, Comprehensive Loss Underwriting Exchange) 라는 리포트를 판매자측에 요청해야 한다. 주택 보험 회사들이 공유하는 시스템인데, 집주인이 바뀔 때마다 해당 주택의 과거 보험 청구 이력을 확인하고 보험금이 산정된다.

이 클루 리포트에는 보험 업체 이름, 번호, 청구 번호 등의 일반 정보와 더불어 발생한 피해, 청구일, 보상액 등 매우 구체적인 정보까지 알 수 있다. 이 클루를 통해 내가 매매할 주택의 이력을 확인하고 문제가 발생할 가능성이 있는지에 대해 미리 대비할 수 있다. 적극적으로 활용하자.

9. 클로징 비용은?

1번 항목에서 살짝 언급했는데, 주택을 구입할 때는 매매 가격 말고도 추가적인 클로징 비용이 발생한다. 매매 가격의 1.5%~2.0%까지 준비해두는 것이 일반적이다. 부동산 중개 수수료는 파는 쪽만 내고 살 때는 내지 않지만, 이 클로징 비용도 경우에 따라 부담이 될 수 있다.

모기지론을 진행하면서 발생한 수수료, HOA 비용, 재산세, 홈인스펙션, 감정 진행 등 항목은 다양하다. 판매자 측과 협의하기에 달려있기는 하지만, 통상적으로 이런 부분들은 대부분 구매자가 부담하는 비용이다. 전액 현금으로 살 경우 대출 수수료는 발생하지 않으니 클로징 비용을 좀 낮출 수 있고, 첫 1년 치 재산세의 경우에도 완납으로 할지 월납으로 할지 선택할 수 있으니 각자 상황에 맞게 조절하자.

　사실 이런 항목들은 제대로 된 전문가만 알아둔다면 대부분 걱정할 것 없이 한 번에 해결된다. 도중에 겪을 다양한 변수들을 설명해주는 전문가를 찾아야 한다. 에스크로 절차 자체는 정해져 있지만, 단계마다 어려움을 겪을 수도 있다. 우리는 외국의 투자자이므로 POA에 대한 처리라던가, 에스크로 클로징 비용 등을 미리 계산해서 한 번에 은행 계좌에 돈을 넣어둘 수 있게 한다던가 말이다. 이런 다양한 변수들을 겪은 노련한 전문가라면 투자자의 입장을 잘 대변해 줄 것이다.

매물 선정 시 반드시 체크해야 하는 주택 관리비, HOA

　　　　　　미국 부동산을 매입할 때 고려해야 하는 사항 중 하나로 HOA 비용이 있다. HOA는 Homeowner's Association의 약자로, 구매하려는 부동산이 위치한 단지의 '주택 소유주 협회'이다. 부동산 소유주들이 모여 단지 내 공용 시설과 환경을 쾌적하게 이용할 수 있도록 여러 가지 규칙을 만들고 각 소유주의 관리비를 걷어 전체 단지를 유지 보수하고 관리한다.

　미국에는 단독 주택, 타운하우스, 콘도, 아파트 등의 주택 형태가 있는데, 이에 따라 HOA 비용의 여부가 존재한다. 주택 특징에 따라 HOA의 장단점도 있으니 함께 살펴보도록 하자.

1. Single Family House : 단독 주택

미국에서 가장 인기 있는 주거 형태로 앞마당과 뒷마당이 있는 단독 주택이다. 주인이 직접 집, 마당, 정원 등을 관리해야 하기 때문에 관리 난이도가 높다. 일부 단독 주택은 HOA 가입이 필요한 경우도 있기 때문에 주택 구매 시 부동산 중개인을 통해 이를 확인해야 한다.

2. Town House : 타운하우스

타운하우스별로 차이가 있지만 대부분 HOA 비용이 단독 주택보다 높다. Gated Community(외부인이 쉽게 들어올 수 없는 폐쇄 단지)에 있는 타운하우스의 경우 수영장, 헬스장, BBQ장 등 거주민을 위한 공용 시설이 운영되며 높은 HOA 비용으로 관리를 하기 때문에 시설은 상당히 깨끗하고 잘 관리되어 있다. 부대시설의 유무와 관리 범주 등에 따라 HOA 비용이 적게는 50달러부터, 많게는 200달러까지 책정되므로 원활한 Cash flow(현금흐름)를 고려하는 투자자는 이 점을 사전에 고려해야 한다.

3. Apartment : 아파트

아파트는 일반적으로 각 세대별로 주인이 있는 것이 아닌 개인 또는 법인이 소유한 건물에 임차인이 들어와서 사는 형태이다. 한국의 아파트와는 개념이 조금 다르다. 각 세대별로 주인이 있는 것이 아니기 때문에 아파트 전체를 관리하는 관리사무소가 따로 있고 아파트 관리 회사에서 쓰레기 수거, 아파트 외부 청소, 공용 시설 등을 관리한다. 임차인은 월세와 관리비를 납부하기 때문에 HOA 비용이 따로 청구되는 일은 없다. 일반적으로 아파트는 콘도에 비해 월세가 비싸지만 관리가 편리하다.

4. Condominium : 콘도미니엄

거의 대부분의 콘도는 HOA에서 관리하기 때문에 HOA 비용이 필수적으로 발생한다. 콘도 내 공용 시설에 따라 다르지만 타운하우스와 비슷하게 적게는 50달러, 많게는 200달러까지 책정되나 최고급 콘도의 경우 1,000달러 이상 납부하는 곳도 있다. 콘도는 관리사무소에서 한 번에 관리하는 것이 아니라 HOA에서 규칙을 정하고 관리하기 때문에 투자를 진행할 때 규정을 잘 확인해야 한다. 일례로 한 달 단위의 렌트를 해줄 수 없는 규정 등이 있는 경우에 어비앤비(Airbnb)로 활용하기 어려울 수 있으니 참고하자.

HOA를 운영하고 있는 단지에는 다양한 규정이 있다. 거주민을 위한 주차 공간 지정에 대한 규칙, 반려 동물의 관리에 관한 규칙, 흡연 관련 규칙, 단기 임대 사업에 관련된 규칙 등이 있을 수 있기 때문에 투자를 고려할 때에는 해당 단지의 규정을 사전에 파악해야 한다. 또한 주거 목적으로 주택을 구입할 때에는 자녀를 위한 농구대, 수영장 등의 설치를 사전에 고려해야 하며, 간이 놀이터 설치가 불가능한 경우가 있어 사전에 조사를 한 후 구매해야 한다.

돈이 있어도
못 산다?
오퍼 성공하는 팁 5가지

　　　　　다른 챕터에서도 종종 오퍼(Offer)라는 단어가 등장할 것이다. 미국 부동산을 구매할 때는 필연적으로 이 '오퍼' 단계를 거친다. 판매자가 내놓은 집을 어떤 조건으로 구매할 것인지 명시하는 행위이며, 통상적으로 흔적이 남는 이메일이나 편지를 쓰는 것이 보편적이다. 한 집에 대해 한 번 밖에 오퍼를 못하기 때문에 매수 강세장에서는 리스팅된 가격보다 더 올려서 오퍼를 하는 것이 일반적이고, 모기지론 없이 전액 현금(All Cash)으로 오퍼를 하는 경우도 많다. 어떻게 해야 오퍼를 잘 할 수 있는지, 하나씩 살펴보자.

다양한 조건을 고려하자

위에서 언급한 내용부터 먼저 짚고 넘어가자. 구매자는 마음에 드는 매물이 있을 경우 판매자에게 오퍼를 넣는다. 판매자는 마음에 드는 오퍼가 오면 바로 수락을 하거나, 카운터 오퍼를 넣는 식으로 커뮤니케이션을 이어간다.

구매자의 입장에서 오퍼를 넣을 때, 시장의 상황과 판매자에 따라 전략은 얼마든지 달라질 수 있다. Seller's Market(매수 강세장)일 경우 하나의 매물에 수많은 구매자들이 달라붙기 때문에, 경쟁에서 승리할 수 있는 전략을 취해야 한다. 다른 협상자들을 압살해버릴만큼 높은 가격을 부른다면 문제가 쉬워지겠지만, 같은 매물을 비싸게 사고 싶은 구매자는 세상 어디에도 없을 것이다. 따라서, 단순히 높은 가격을 부르는 것보다는 집을 둘러싼 "현재의 상황"이 어떤지 파악해서 다양한 전략을 고려해보는 것이 중요하다.

판매자의 구미가 당기는 오퍼

요점은, 신뢰할 수 있는 리얼터를 통해 미리 주변 정보들을 수집하는 것이다. 판매자가 무엇을 원하는지 파악할 수 있다면 그 필요에 맞춘 정확한 오퍼를 넣을 수 있다. 예컨대 자식들이 전부 출가해서 집을 내놓은 노부부의 상황을 보자. 이제 넓은 집이 필요

없어서 본인들은 작은 집으로 이사를 가려고 한다. 마침 2년 전에 많은 가구들을 새로 샀는데 이사 갈 때 가지고 갈 수가 없어 곤란한 상황이다.

이런 정보를 캐치할 수 있다면, 내부 가구를 통째로 구매함으로써 오퍼 수락을 유도할 수 있다. 이사를 해보신 분들은 "몸만 이동" 하는 것이 얼마나 많은 잡무들을 해결할 수 있는지 알 것이다. 금액 이외의 가려운 부분을 해결해줌으로써 나의 오퍼가 선택받을 확률을 올리는 방법이다.

마음에 들면 바로 오퍼하자

한국에서 부동산 투자를 해보신 분이라면 굉장히 공감할 것이다. 합리적인 결정을 내리기 위해서는 여러 군데의 부동산을 돌아보고 비교해야 한다. 하지만 가끔씩 부동산 시장에서는 이런 "합리적인 의사결정"을 앞서는 과감한 결단을 보이는 사람들이 있다. 최종적으로 2개 중에 고르려고 "나중에 연락 드릴게요." 했다가 좋은 매물을 놓쳐버린 경험을 생각해보라.

내가 고민할만한 후보군이라면, 남에게도 마찬가지다. 이러한 부동산의 속성을 파악하고 있으면 선택이 어느 정도 쉬워질 수 있다. 미국 부동산도 마찬가지다. 바다 건너 멀리 있지만 미국에서 인기 많은 주택, 잘 팔리는 주택 역시 비슷한 색깔을 가지고 있다.

공부가 어느 정도 돼서 어떤 집이 인기가 많은지 파악되었다면, 자금 상황이 허락할 경우 과감한 오퍼를 넣어보자. 판매자가 당신의 손을 들어줄 것이다.

"나는 준비된 구매자다"

부동산을 사고 싶은 마음이 커질 경우 감정에 호소하는 구매자로 바뀌는 경우가 종종 있다. 복잡한 절차와 거액의 자금이 오고 가는 부동산 매매의 특성상, 이런 행위는 도움이 되지 않는다. 명확한 숫자와 구체적이고 깔끔한 조건으로 "나는 준비된 구매자"라는 인상을 심어주는 것이 무엇보다 중요하다.

다운페이먼트는 얼마나 준비 되었는지, 남은 대출은 어떻게 진행할 건지, 홈 인스펙션에서 발생하는 하자는 어떻게 처리하고 싶은지 본인의 의견을 간결하고 분명하게 전달하자. 수많은 오퍼들 중 당신의 오퍼가 선택될 확률이 매우 커진다.

에스크로 기간은 판매자가 원하는 대로

통상적으로 에스크로는 오픈과 동시에 클로징 날짜를 예정할 수 있다. 이때, 클로징 날짜를 판매자가 정할 수 있도록 우선권을 주면 오퍼 수락의 확률을 높일 수 있다. 판매자의 대출 완납 처리를 위해 에스크로 기간 조율을 하거나, 이사 날짜를 맞춰주기 위해 내가 먼저 대출을 진행하는 등의 방법을 사용한다. 약간의 이자 비용이 더 발생하겠지만, 소탐대실하지 않도록 큰 그림을 그릴 줄 알아야 한다.

좋은 매물을 찾아내더라도 오퍼 단계에서 실패하면 아무런 의미가 없어진다. 위의 내용을 하나씩 짚어가면서, 한 번에 오퍼가 통과될 수 있도록 잘 준비해보자.

한국에는 없는
부동산 거래 안전장치,
에스크로

한국에서는 부동산 거래를 할 때 송금이 매우 간편하다. 중개를 하는 부동산이 존재하지만, 계약금-중도금-잔금까지 보통 계약자가 직접 송금을 한다. (계약을 완료한 후 계약금-중도금-잔금까지 다 송금하고 나면 해당 부동산에 대해 등기를 진행할 수 있다. 법정 절차에 따라 등기부에 해당 부동산의 권리를 기재하는 것으로, 내가 구매한 부동산은 이 절차 이후 비로소 제대로 된 자산으로 간주된다.)

한국에서의 안전거래는 다들 익숙할 것이다. 중고나라를 포함한 개인간 거래를 지원하는 플랫폼에서는 대부분 도입하는 서비스다. 판매자와 구매자 양쪽에서 신뢰할 수 있는 제 3의 업체가 거래 과정을 주관하고 돈의 흐름을 컨트롤하는 것이다.

본 책에도 에스크로란 말이 많이 등장하는데, 한번 살펴보자.

| 에스크로

계약 행위를 이행하기 위하여 필요한 서류를 중개업자, 변호자, 보험 회사 등의 대행업자에게 맡기는 일. 또는 맡은 계약 이행 업무를 대신 행하는 일.

출처: 네이버 국어사전

미국에서는 에스크로(Escrow)의 영향이 절대적이다. 이 에스크로는 쉽게 말해 "제 3자에 의한 업무 대행"이며 통상적으로 전문 변호사나 전문 에스크로 회사가 모든 절차를 관할하게 된다. 절차에는 자동적으로 법률적 검토 및 보장이 따라온다. 모든 법률적 검토가 완료된 후 최종적으로 판매자에게 대금이 전달되는 시스템이다. 실질적으로 미국에서의 부동산 거래는 에스크로 없이 이뤄질 수 없다.

판매자가 최종적으로 오퍼를 수락하게 되면 에스크로 회사에서 절차를 시작하게 되며, 리얼터가 이 절차를 중간에서 도와준다. 계좌 내역의 문제가 생긴다면 해결이 될 때까지 다음 단계로 넘어갈 수 없다. 에스크로 오픈과 동시에 클로징 날짜가 설정된다. 상황에 따라 한 두 번은 클로징 일정 연기를 할 수 있지만, 원활한 진행을 위해 가능한 처음 협의했던 일정대로 진행하는 것이 가장 좋다.

홈 인스펙션 할 때
꼭 체크해야 하는 것

    홈 인스펙션(Home Inspection)은 주택에 대한 전수검사라고 보면 된다. 미국에서 집을 구입할 때 반드시 거쳐야 하는 필수 단계이다. 공정성을 위해 자격이 있는 인스펙터(홈 인스펙션을 진행하는 사람)중에서도 무작위로 선정된 사람이 진행한다. 선정된 인스펙터가 주택의 현 상태, 앞으로 생길만한 문제점 등을 상세하게 점검하게 된다.

    집을 구매한 후에 하자가 발생할 가능성은 충분히 있다. 이때, 인스펙션 리포트의 존재 여부에 따라 나중에 발생할지 모르는 수리비를 크게 아낄 수도, 예상치 못한 큰 돈을 쓰게 될 수도 있다. 인스펙션 도중에 발견한 중대 하자일 경우(전기 콘센트 접지 등), 판매자 측에 미리 수리를 요청하거나 부득이할 경우 해당 수리 비용을 클로징 비용에서 제외시킬 수도 있다. 예외적으로 셀러 마켓이라고 부르는 소위 "매도자 우위 시장"에서는, 홈 인스펙션을 진행하지 않고 바로 사겠다는 오퍼를 하기도 한다.

위의 경우에서, 중대 하자임에도 불구하고 판매자가 수리 혹은 비용 지원 등의 협상을 거부할 경우 계약 취소는 언제든지 가능하다. 미국 부동산은 매매 과정에서 발생하는 모든 영역에 협상이 중요시되므로, 내가 선정한 리얼터와 함께 인스펙션 단계에서 발생한 문제점들을 어떻게 처리할지 판매자와 이야기를 잘 나누도록 하자.

홈 인스펙션 단계는 오퍼가 수락된 뒤 에스크로를 오픈하고 나서 본격적으로 시작된다. 따라서 빠른 에스크로 클로징을 위한다면, 인스펙션 역시 빠를수록 좋다.

홈 인스펙션(Home Inspection)에서 점검하는 항목은?

아래 사진을 먼저 보자. 실제 인스펙션이 진행된 뒤 나오는 리포트이다. 해당 리포트의 분량은 약 108페이지로, 어마어마한 분량이다. 예시로 든 집이 특별히 문제가 많은 게 아니고 보통 이 정도 분량으로 발행된다. 집의 외부/지붕, 차고 등은 물론이고 배관, 전기, 냉난방 시스템, 주방, 지하실, 다락방 등 집을 해부 수준으로 들여다본다.

출처 : 프로퍼티앤비욘드 고객 인스펙션 리포트 점검 항목

구조적인 측면부터 보자. 균열이나 침강이 발생했는지, 바닥재의 구조와 더불어 상태를 점검한다. 벽과 천장도 살펴야 한다. 출입구와 마당도 살핀다. 차고에 진입하는 폭이 적당한지, 균열이 있지는 않은지 확인한다.

1. 배관

배관 상태는 특히 중요한 항목 중 하나이다. 개별 주택이 많은 나라인 만큼 한국 아파트처럼 일괄적인 배관 시스템을 갖추고 있지 않은 집이 많다. 따라서 각 주택의 배관 구조도 각양각색이다. 기본적인 배수구의 흐름, 수도꼭지의 물 공급량, 화장실의 환기와

10: PLUMBING

		IN	Mar	NI	NP	RR
10.1	Main Water Shut-off Device	X				
10.2	Drain, Waste, & Vent Systems	X				
10.3	Water Supply, Distribution Systems & Fixtures	X				
10.4	Hot Water Systems, Controls, Flues & Vents	X				X
10.5	Fuel Storage & Distribution Systems	X				
10.6	Laundry Facilities	X				X

IN = Inspected   Mar = Marginal   NI = Not Inspected   NP = Not Present   RR = Repair / Replacement

출처: 프로퍼티앤비욘드 고객 인스펙션 리포트 점검 항목

더불어 하수가 배출되는 배출기도 살펴야 한다.

위 예시 사진의 경우 10.4 Hot Water System 쪽과 10.6 Laundry Facilities에 RR = Repair / Replacement 표시가 붙어있다. 수리 혹은 교체가 필요하다는 의미다.

2. 계단

출처: 프로퍼티앤비욘드 고객 인스펙션 리포트

집 내부에 계단이 있는 경우, 계단 또한 꼼꼼히 챙겨야 한다. 계단에서 발이 걸리는 등의 안전사고와 밀접하게 연관되어 있기 때문이다. 위 예시 사진을 보면 헐거워진 손잡이를 꽉 조여야 한다는 주의 표시가 붙어있다.

3. 전기

첫 번째 사진은 전기 메인 패널이다. 과전류가 발생할 경우 전원이 제대로 차단되는지, 각 방으로 전기가 제대로 흐르는지 확인한다.

Main & Subpanels, Service & Grounding, Main Overcurrent Device: Main Panel Location
Crawlspace

Smoke / Fire / Carbon Monoxide Detectors: General info
The NFPA (National Fire Protection Association) recommends replacing smoke detectors every 10 years. Current guidelines require smoke detectors in all bedrooms, in central halls outside bedrooms with a minimum of one on each floor. Smoke detectors should be hard-wired with battery back-ups and interconnected so, when one alarm sounds, all alarms sound. Smoke detectors must be audible from sleeping rooms. Compliance to current guidelines is required in re-models requiring permits or when an additional bedroom has been created. Note: Design life for smoke detectors average 10-15 years and may not operate properly past their design age.

출처 : 프로퍼티앤비욘드 고객 인스펙션 리포트

두 번째 사진은 콘센트와 연관된 전기 부분이다. 아웃렛이라고도 한다. 아래의 예시 사진 두 가지는 집으로 공급되는 전기의 메인

컨트롤 박스/접지를 체크한 것이다. 플러그 형태로 된 아웃렛(Outlet, 전기 콘센트) 테스트기를 꽂게 되면 이상이 있을 때는 경고등이 들어온다. 전기와 관련된 항목들의 경우 배관공과 마찬가지로 전문 기술이 있는 전기공에게 수리를 맡겨야 한다.

출처: 프로퍼티앤비욘드 고객 인스펙션 리포트

4. 지붕

주소가 특정될 수 있어 지붕 사진은 생략함을 양해 부탁드린다. 오래된 주택이 많은 나라인 만큼 지붕에서 하자가 많이 발견되곤 한다. 미리 확인하지 않을 경우 거액의 수리비를 지출할 수도 있으니 꼭 신경 쓰자.

5. 워터 히터

집 내부로 공급되는 온수는 다양한 곳에서 쓰인다. 워터 히터는 작동 여부와 더불어, 제대로 규정에 맞게 설치되었는지 확인해야 한다. 지진이 빈번한 지역일 경우 추가적으로 확인해야 할 규정들이 있으니 잘 살펴보자. 아래 사진의 경우, 온수탱크 안전밸브의 미설치로 "주의" 마크가 붙었다.

출처: 프로퍼티앤비욘드 고객 인스펙션 리포트 점검 항목

6. 화재 연기 경보기

미국 대부분의 주에서는 화재 연기 경보기(Smoke Alarm) 설치 규정을 두고 있다. 화재 연기 경보기 외에 일산화탄소 경보기 설치 규정도 있는 주가 있기 때문에 잘 알아봐야 한다. 배터리를 교체한 지 오래됐거나, 오랫동안 사용하지 않은 경보기는 반드시 작동이 잘 되는지 확인해야 한다.

7. 홈통(Gutter)

주소가 특정될 수 있어 홈통 사진은 생략함을 양해 부탁드린다. 홈통의 경우, 집 외벽에 설치되며 지붕으로 떨어지는 비가 배수되도록 설치된 물길이다. 이 홈통에 문제가 있을 경우 위에 설명한 지붕이 쉽게 손상될 수 있다.(침수 등으로) 작은 부유물들이 쌓이면 홈통이 막히게 되고, 배수가 원활하게 이루어지지 않으면 물이 넘쳐 주택의 벽에 흐를 수 있다. 목조주택이라면 물이 집 안으로 쉽게 스며들고, 곰팡이 같은 문제들도 생길 것이다.

8. 전구

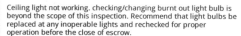

5.6.1 Electrical
LIGHT NOT RESPONDING
Ceiling light not working. checking/changing burnt out light bulb is beyond the scope of this inspection. Recommend that light bulbs be replaced at any inoperable lights and rechecked for proper operation before the close of escrow.
Recommendation
Contact a qualified professional.

출처: 프로퍼티앤비욘드 고객 인스펙션 리포트 점검 항목

작동하지 않는 전구도 홈 인스펙션에서 많이 발견된다. 전구 역시 잦은 교체가 필요한 소모품이므로 작동 여부를 잘 살펴보자.

모든 사진을 다 공유하긴 힘들지만, 이처럼 홈 인스펙션 리포트

는 "실생활" 관점에서의 주택 해부도와 같다. 한국 아파트에 입주할 때에도 이와 유사한 점검을 진행하는 경우가 있다. 하지만 이 정도로 꼼꼼하게 집에 대한 현황을 공유받지는 못한다.

터마이트 인스펙션은 홈 인스펙션과 별도로 진행한다.(터마이트 인스펙션이란, 흰개미가 집에 피해를 끼치고 있는지, 혹은 끼칠만한 여지가 있는지 살펴보는 단계이다. 전문적인 터마이트 인스펙터한테 일을 의뢰하며, 흰개미가 발견될 경우 주택에 대한 방역 및 대책 수립이 필수다. 홈 인스펙션과 달리 의무는 아니지만, 대부분 목조 주택으로 이루어져 있는 미국 주택의 특성상 꼭 진행하도록 하자.)터마이트는 흰개미를 뜻하는데, 나무를 좋아하는 습성을 가지고 있다. 목조주택이 많은 미국의 환경은 터마이트들에게 풍부한 먹이 창고라고 해도 과언이 아니다.

특히 터마이트는 물기 먹은 나무를 좋아한다. 집 외부 벽의 페인트가 벗겨진 부분에 계속해서 물이 스며들게 된다면 그 주변은 피해가 커질 것이다. 새로 지어진 집은 그나마 괜찮으나, 강수량이 많은 지역의 오래된 집들은 각별한 주의가 필요하다.

수가 많은 곤충의 특성상, 일반적인 방법으로는 해결이 안 되며 반드시 전문가의 도움을 받아야 한다. 요즘은 집 주변에 터마이트 베이트 상자(Termite Bait Box)를 비치해 비교적 친환경스러운 퇴치를 하는 방법을 사용하기도 한다. 인스펙션 비용은 100달러에서 150달러 정도 되며, 방역 작업이 필요할 경우는 300달러~1,000달러 정도의 추가적인 예산이 필요하다.

홈 인스펙션/터마이트 인스펙션을 통해 내가 어떤 주택을 구매하고 있는 것인지, 수리할 부분은 어디가 있는지 구매자의 권리를 정당하게 누려보도록 하자.

공인감정사의
부동산 가치 평가 단계,
어프레이절

위에 에스크로 절차에서 어프레이절(공인감정사가 주택에 대한 가치를 평가하는 단계)을 언급했지만, 중요한 부분이므로 다시 한번 자세히 이야기를 해보자. 우선 어프레이절 방식으로는 한국과 비슷하게 3가지가 있다.

1. **비교 방식**: 비슷한 매물과 비교 분석 및 판단

2. **원가 방식**: 주택 신축시 들어간 초기 비용 기반으로 판단

3. **수익 환원 방식**: 주택에서 생기는 미래 수익을 현재 가치로 환원하여 판단

이는 감정사가 매물 상황에 따라 종합적으로 고려해서 최종 감정가를 산출하게 된다. 간혹, 에스크로 진행 단계에서 예상한 금액

보다 낮은 감정가가 나올 수도 있다. 이렇게 되면 상황은 많이 꼬이게 된다.

어프레이절은 모기지론과 직접적으로 연결되어 있다. 모기지 랜더들은 감정가를 기준으로 대출을 실행시키기 때문이다. 나는 45만 달러를 기대했는데 40만 달러의 감정가가 나온다면?

빠르게 5만 달러를 조달하거나, 여의치 않을 경우는 판매자와 추가적인 협상을 진행해야 한다.

이처럼 이미 상황이 벌어졌다면 빠르게 대처하는 것이 중요하지만 역시 가장 좋은 것은 이 같은 상황이 발생할 수 있음을 미리 인지하고 철저히 준비해두는 것이다.

대출 진행 과정에서 리얼터에게 미리 예상 감정가를 확인해 볼 수 있다. 정확하지는 않아도, 현장에서 다져진 경험을 토대로 어느 정도 금액이 벗어날지 준비하는 것이다. 못해도 2-3만 달러 정도의 여유금을 추가해 계좌에 송금해 놓도록 하자.(매물가액과 대출 금액에 따라 얼마든지 액수는 달라질 수 있다)

최악의 경우는 자금이 부족해서 에스크로 클로징 날짜를 넘겼을 때다. 이미 걸어둔 디파짓을 고스란히 날리고 계약이 철회될 수 있으니 꼭 명심하자.

사업은 이제부터다, 임차인 수급 – 관리부터 주택보험 가입까지

　　실거주 목적으로 미국 부동산을 매매한 것이 아닌 투자 목적으로 매매했다면? 본격적인 사업은 이제부터다. 수익을 낼 수 있는 재료를 모두 모았으니 실제 임대수익으로 연결시켜 보자. 임대관리는 임차인의 수급에서 시작한다.

　　임차인의 월세는 곧 나의 수익이다. 임차인에 대한 관리가 탄탄해질수록 나의 수익을 극한으로 올릴 수 있다. 그렇다면 수익 관점에서 관리가 필요한 것은 어떤 부분일까?

공실률을 챙기자

첫 번째로, 수익을 최대한 보전할 수 있는 "공실률"이다. 월세 계약은 1년 단위가 일반적이므로, 상호 간에 별 이슈가 없는 이상은 계약이 이어진다. 계속 지내는 임차인과 재계약을 하는 것이 최상의 상황이고, 다음 임차인을 구할 때까지 집을 최소한으로 비워야 공실률을 "0"에 가깝게 만들 수 있다.

임차인을 선별하자

두 번째로, 임차인을 잘 골라야 한다. 미국에서는 임차인을 들일 때 인터뷰 절차를 거치는 것이 일반적이다. 월세를 잘 낼 수 있는지, 생활 습관은 어떤지, 크레딧 스코어는 어떤지, 부가적으로 고려해야 할 부분들이 있는지 심도 있게 질의하는 절차를 거친다. 한국인의 시각으로는 월세를 살면서도 인터뷰를 본다는 게 매우 이질적인 상황일 수도 있다. 고작 월세를 살면서도 인터뷰를 보다니?

하지만 이 상황은, 단순한 질의에서 끝나는 것이 아니고 정식 서류들이 오고 가는 공식적인 절차다. W-2 form(미국 국세청에서 발행하는 급여 및 세금 신고서), Bank Statement(은행 명세서) 등 월세를 살고 싶은 사람에게서 받은 서류로 판단을 내리는 것이다. 어떤 임차인을 들이든 집주인의 결정에 달려있지만, 재정적으로 안전한 사람을 고르는 것이 안정적인 수익과 직결된다.

재계약할 때 월세를 높이자

세 번째로, 재계약 시 월세를 높여 받는 것이다. 받고 싶은 만큼, 막무가내로 월세를 올리라는 것이 아니다. 법이 정하는 테두리에서 임차인이 납득할 수 있는 수준으로 합의를 하는 것이다. 1년 단위로 몇 % 상승 조건을 계약에 걸어두거나, 주택 자체의 가치를 상승시켜(FLIP/ADU) 수익성을 개선하는 것이다.

캘리포니아는 2020년부터 연간 임대료 인상률을 5% 이내로 제한하는 "임대료 상한제"가 시작되었다. 이는 10년 동안 적용되며,

지어진 지 15년 미만의 주택은 해당사항이 없다. 이 상황을 자세히 들여다보면, 임대료 상한제라는 법안이 나올 만큼 미국에서는 주거난이 심각하다는 이야기다. 캘리포니아의 노숙자 인구는 날이 갈수록 늘고 있다. 안타까운 상황이지만, 투자자 입장에서는 사업을 지켜야 할 의무가 있다. 그렇기 때문에 상호 동의할 수 있는 임대료 상승률로 협의하여 안정적인 임대수익을 만드는 구조로 세팅해야 한다.

어떤 임차인을 받을지 결정하고 나면, 구체적인 입주 시기와 상세한 계약 조건들을 작성한다. 임차인은 보증금 명목으로 두 달치(첫 달과 마지막 달)를 선납하고 주거를 하게 된다. 만약 월세가 한 번 밀리게 되면, 집주인은 즉시 임차인에게 다음과 같은 통보를 해야 한다.

"당신의 월세가 한 번 밀렸으니, 만약을 대비해서 다음 달에 들어올 가능성이 있는 임차인 인터뷰를 즉시 시작하도록 하겠다. 다음 달에도 월세가 밀린다면 당신은 보증금을 돌려받지 못하고 퇴거를 해야 하니, 꼭 처리해주시기를 바란다"

Property Management 업체를 활용하자

임차인과 지속적인 커뮤니케이션을 해야 하는 셈인데, 외국인 투자자가 이것들을 어떻게 문제없이 진행할 수 있을까? 이렇게 임차인 관리만 해도 챙길 것이 많은데 전반적인 부동산 관리(Property Management)는 대체 어떻게 해야 할까?

종합적으로 고려하면 Total Property Management가 가능한 파트너를 찾아 두는 것이 좋다. 임차인 관리 - 인터뷰부터 모든 커뮤니케이션을 도맡아 업무를 대행해 준다. 통상적으로 월세의 5-7% 정도의 수수료를 수취한다.

현지에서 직접 거주하면서 관리가 가능한 상황이 아니라면, 이 방법을 강력하게 추천한다. 월세 수익의 5-7%를 운영 비용으로 제하고 안정적인 재무관리를 할 수 있는 방법으로 구조를 짜는 것이다. 또한 LLC로 부동산 매매를 한 경우, Property Management 비용 또한 절세할 수 있으므로 여러모로 장점이 있다.

매입한 부동산으로 임대수익을 만들려면 세세하게 신경 써야 할 부분들이 많다. 한국에서 다가구 주택의 주인이라고 가정해보자. 2005년에 지어진 다가구 주택을 매입하게 되었다. 너무 오래된 건물은 아니지만, 그래도 지어진 지 20년 가까이 되다 보니 여기저기 손 볼 곳이 늘었다. 건물 내부 계단의 대리석이 파손되어 수리를 하였다. 출입하던 유리문도 금이 가서 안전을 위해 즉시 교체하였다.

1층에 상가가 들어오게 되면서 주방쪽에서 나오는 덕트 시공을 하게 되었다. 그러다 보니 201호에서 거주하는 분의 작은 방 창문이 많이 가려지게 되었고, 음식이 조리되는 냄새도 방으로 많이 유입되었다. 201호 세입자는 계약 조건을 걸고 넘어지면서 월세를 깎

아주든가 보상을 마련해달라고 컴플레인을 거는 중이다. 이 와중에 202호에서는 천장 누수 문제가 발생했는데, 구조적인 문제인지 위 아래 호실을 다 조사해야 할 것 같다. 머리가 아프다.

자 그럼 이제 이 상황을 고스란히 미국으로 옮겨보자. 한국의 상황은 그나마 얼추 상상이라도 되는 편이다. 미국은 이런 상황들이 어떻게 연결될까? 쉽지는 않다. 전혀 다른 주거문화와 주택 형태를 가지고 있기 때문에, 외국인 투자자 입장에서 겁이 나는 것도 사실이다. 임차인이 불편함 없이 생활을 할 수 있게 도와주고, 내 자산 (토지와 건물)을 잘 지키고자 하는 개념은 한국과 똑같지만, 관리해야 하는 항목이 다르다는 점에서 쉽지 않다.

임차인 인터뷰

임차인 인터뷰는 Property Management의 시작이라고 볼 수 있지만, 특히 설명할 부분이 많아 따로 빼 두었다. 임차인이 좋은 집주인을 만나고 싶은 것처럼, 집주인 또한 좋은 임차인을 만나고 싶어하는 것은 너무 당연하다. 임차인과 직접 얼굴을 마주하기 힘든 외국인 투자자는, 임차인과 처음 대면하는 자리를 만들 때 누군가의 도움이 필요하다. 원활한 시작을 위해서 외국인 투자자는 가능한 전문 업체의 도움을 받는 것을 고려하자.

임차인 커뮤니케이션

인터뷰 후 최종 임차인이 정해졌다면 집주인과 임차인 간에는 지속적인 관계가 형성되었다고 볼 수 있다. 이 지역에 완전 새로 이주한 임차인의 경우 집주인에게 집 근처의 가볼 만한 식당, 편의 시설들을 물어볼 수 있다.(실제로 집주인들이 임차인들에게 전하는 중요 정보이다) 월세를 납부할 계좌는 무엇인지, 자잘한 수리가 필요할 경우 어떻게 하면 되는지 계속 대화가 필요하다.

임차인 성향에 따라 조금씩 다르지만, 사용하면서 감가상각이 발생하는 부동산인 만큼 상호 간의 원만한 임대차 계약 유지를 위해서는 반드시 임차인 커뮤니케이션을 신경 써야 한다.

각종 수리: 집 수리의 전문가 "핸디맨 연락"

미국에는 핸디맨(Handyman)이라는 개념이 있다. 만능수리공 정도로 번역되는데, 전문 업체들도 많을 만큼 미국 주택 거주와 밀접한 관계를 가지고 있는 직업군이다. 우리도 생활하다 보면 수도/배관 등의 중대한 문제보다는 문고리 고장, 유리창 깨짐, 전등 교체 등의 작은 일상적인 수리를 훨씬 많이 접하게 된다. 내가 아파트에 살고 있다면 관리 사무실 연락을 취해 대부분 업무를 처리할 것이다. 단독 주택에 살더라도, 근처에 있는 철물점에서 물품을 사서 해결을 할 수 있다.

나는 지금 한국에 있는데, 미국에 있는 임차인이 수리 요청을 한다면? 내가 할 수 있는 일이 과연 무엇이 있을까? 시차가 다른데 발생하는 모든 상황에 대해 하나하나 업체를 찾아보고 수리를 맡기는 것은 굉장히 비효율적이다. 무엇보다, 그렇게 업체를 찾게 되면 비용도 비싸지고 연속적이지 못하다.

결국 자잘하게 발생하는 수리건들에 대해 일괄적으로 처리할 수 있는 핸디맨과 연락이 닿아야 하고, 이 핸디맨과의 커뮤니케이션 역시 미국 현지에서 하는 것이 가장 효율적이고 합리적이다.

중대 하자 관리: 배관공, 전기공, 인테리어 업자 연락

자잘한 수리를 핸디맨이 맡는다면, 당연히 덩치가 큰 보수(수도, 전기, 건축 등)도 있다. 이 정도의 중대 하자 보수가 필요하다면, 당연히 각 영역에 맞은 배관공, 전기공, 인테리어 업자들이 필요하다. 또한 1-2시간 만에 끝나는 수리가 아니고 2-3일이 필요한 대규모 작업의 경우가 많은데, 그럴 경우 필연적으로 현장에서 직접 챙겨야 할 상황들이 발생한다. 예상 견적을 받고 작업을 시작했는데 막상 집 내부의 배관을 열어보니 추가 비용이 발생한다든가, 인테리어 시공을 위해 시청에 추가적인 서류 제출이 필요하다든가 하는 상황이다.

이런 경우는 사실상 한국에서 컨트롤이 불가능하다. 수리 자체야 비용과 시간과 인적자원이 들어가면 완료는 될 것이다. 하지만 말 그대로 현지의 특정인 만이 처리할 수 있는 업무들이 발생하게 된다. 이런 업무들까지 감안하면 현지 업체의 도움은 사실 필수적이다.

월세를 어떻게 올린다고? 매매 잘하는 비법

특정 유닛에서 지내던 임차인 계약이 만료가 됐다. 집이 잠시 빈 동안 이것저것 손을 좀 봐서 월세를 올려 받거나, 혹은 주변 시세보다 조금 더 좋은 가격으로 집을 팔고 싶다. 그런데 무엇을 손대야 할까?

마룻바닥을 갈아야 하는지, 전등을 전부 바꿔야 하는지, 외벽의 페인트를 새로 칠해야 하는지, 아니면 주방을 전부 수선해야 하는지 도무지 감이 안 온다. 물론 어디든 손을 보고 수리를 하면 그 부분에 대한 가치는 인정받을 수 있을 것이다. 하지만 이 부분은 투자 관점에서 비용 대비 효용이 커야만 진행을 할 수 있다.

전등을 전부 교체하는데 총 1만 달러 비용이 발생했다. 그러나 월세는 20달러밖에 상승하지 않았다고 가정해 보자. 1년이면 240달러고, 1년 수익률은 약 2.4%가 된다. 그다지 효율적이지 못한 투자다. 반면, 집 내부의 벽지 색깔을 바꾸는 데는 5천 달러면 해결할 수 있다. 이 경우 집 내부의 톤을 완전히 바꾸면서 전등을 교체한 효과도 줄 수 있다. 월세도 50달러 가량 상승시킬 수 있고, 1년이면 600달러, 수익률은 600/5,000 = 12%나 된다.(추가 비용 대비)

가장 중요한 부분은 "그래서 어디를 손볼 것인가?"에 대한 결정이다. 한국에 있는 우리가 과연 합리적인 결정을 내릴 수 있을까? 결국 집을 팔아줄 사람은 리얼터다. 리얼터는 '좋은 매물'로 소개하기 위해서는 어디를 손 봐야 제대로 된 효용을 얻을 것인지 가장 잘 판단해 줄 적임자다. 또한 리얼터들은 대부분 Property

Mangement까지 같이 하는 경우가 많기 때문에, 이러한 업체를 선정한다면 단순한 유지관리뿐만 아니라 부동산 가치를 높이는 것에도 도움이 될 것이다.

세금/회계도 당연히 관리의 영역

수익이 발생하면 한국의 종합소득세처럼 미국도 세금보고를 하게 된다. 당연히 업무의 주체는 세무사/회계사가 될 것이다. 하지만 그 자료 취합을 한국에서 하기는 힘들다. 모든 데이터는 현지에 있기 때문이다. Property Management 업체는 그것을 기록하고 관리하다가 일괄적으로 세무사/회계사한테 넘겨주는 등의 커뮤니케이션을 담당해준다.

임차인의 니즈는 결국 현장에서 발생한다

모든 것을 아우르는 핵심이다. 임차인의 니즈를 적절하게 대응하려면 시차가 다른 타국에서는 힘들다. 영어도 영어지만, 당장 해결을 해야 하는 시점에 연락이 닿지 않는 집주인은 그 누구도 반기지 않을 것이다. 내 부동산에서 지내는 임차인이 수익을 만들어 주는 것이므로, 결국 이것은 고객 관리의 영역이다. '어떤 존재가 나의 고객을 가장 잘 관리하고 케어해줄 것인가?'라는 질문에서 출발해본다면, Property Management 업체를 쓸지 말지 쉽게 답을 얻을 수 있을 것이다.

임차인 관리 시 주의할 점

캘리포니아 주, 특히 LA에서는 임차인이 왕이다. 한국 임대인들이 대표적으로 가장 많이 하는 실수들을 정리해 보았다. 꼭 신경 써서 임차인과의 분쟁이 일어나지 않도록 대비하자.

또한, LA의 Income 주택(투자용 월세 주택)은 Rental Control(임대료 규제)이 적용되는 집이 대다수이다. 재계약시마다 매년 3%에서 4%씩 렌트비를 잊지 않고 올리도록 하자. 나중에 한꺼번에 올릴 수 없다.

1. 반드시 임대료를 주기적으로 올리자!

귀찮아서, 혹은 몰라서 임대료를 올리지 않았을 경우 아래와 같은 2가지 문제가 발생한다.

• 매매 시 제값을 받기 힘들다

일정 기간이 지나 집값이 오르게 되어도, 시장가격에 맞춰 매매를 진행하기가 힘들다. 임대료를 올리지 않았기 때문이다. 매매가 대비 월세 수익을 나타내는 Cap Rate가 떨어지기 때문이다.

• 장기 임차인으로 인한 수익성 악화 발생

임대료를 한 번에 올릴 수 있는 기회는 기존의 임차인이 나가고 새 임차인이 들어올 때다. 하지만 그런 일이 일어날 확률은 매우 희박하다. 지금 있는 임차인은 내가 월세를 올리지 않고 있어, 너무 만족한 나머지 계속 재계약을 하기 때문이다.

또한, 그동안 상대적으로 저렴하게 지내고 있었기 때문에, 다른 지역으로 쉽사리 이사 결정을 내리지 못한다. 집주인은 내보내고 싶어도 임차인이 나갈 생각을 안 하거나 못하는 케이스가 발생하는 것이다. 이때 악질 임차인일 경우 주인이 저지른 잘못들을 빌미로 LA Housing Department(LAHD)에 고발하기도 한다. 불법 구조물, 청소 불량, 큰 소리침 등 이유는 다양하다. 따라서 이런 빌미를 원천적으로 차단하기 위해 어떠한 불법적인 요소나 행위도 있으면 안된다.

악질 임차인에 대해 조금 더 이야기해보자. 한국의 집주인들은 통상적으로 "내 집이니까" 큰 방들을 나누어 각각 세를 주는 것도 문제 없다고 생각하는 집주인들이 종종 있다. 하지만 한국과 미국 모두 동일하게 이러한 행위는 시(City)의 퍼밋(허가)을 받지 않으면 당연히 불법이다. 미국의 경우, 공사에 관한 모든 퍼밋 기록은 어느 누구라도 시(City)의 웹사이트에서 볼 수 있는 공개자료이다. 따라서 임차인들은 자기가 살고 있는 집에 대한 "합법적인 정보"들을 정확히 열람할 수 있다. 악질 임차인들은 이 상황을 활용해서, 집주인이 불법으로 주택 개조를 했는지 우선 확인한다.

자기가 불법 구조물에 살고 있는 것을 감지했다면, 임대료를 납부할 필요조차 없다는 것을 안다는 뜻이다. 뒤에 벌어질 분쟁은 상상만 해도 끔찍하다. 그러니 불법 구조물에 대해서는 항상 주의해야 할 필요가 있다.

2. 홈 인스펙터(Home Inspector)에게 협조하자

시(City)에서 인스펙터가 나오게 되면, 집주인은 집 내부와 외부를 샅샅이 보여줘야 한다. 이때 임차인에게 미리 공지해서 본인이 거주하는 유닛의 문을 열게 해야 한다. 인스펙터에게 협조하지 않은 임차인은 강제로 내보낼 수 있는 사유가 되므로 어지간하면 협조를 해주는 편이다.

이때, 반드시 24시간 전에 미리 알려야 한다. 홈 인스펙션에서 지적 사항이 생기게 되면 고치라는 명령이 떨어지고, 주어진 기간 동안 주인은 모두 수리를 해야 한다. 몇 번의 기회가 주어져도 제대로 고쳐 놓지 못하면 시(City)에서 제동을 걸게 된다. 이 기간 동안 (집주인이 수리를 완료할 때까지) 임차인이 내는 월세는 모두 시(City)가 걷어가게 되므로 특히 주의하자.

3. 공동 주택의 청결은 특히 신경 쓰자

부엌이나 화장실을 같이 공유하는 루밍하우스(Rooming House)의 경우 높은 월세 수익이 강점이다. 대신, 그에 따르는 관리의 난이도가 급격히 상승한다. 앞에서 언급한 악질 임차인들이 눈에 불을 켜고 문제점들을 찾아다니는 상황도 빈번하게 발생한다. 청소 불량으로 인한 주거권 침해 같은 내용은 단골로 나오는 고발 내용이므로 반드시 주의하자.

주택 보험은 반드시 가입해야 한다

미국에서 주택을 매입하게 되면 반드시 보험에 들어야 한다. 주택 소유권에 대한 보험, 그리고 주택 자체에서 발생하는 이슈들에 대한 보험이다.

주택 소유권에 대한 보험, 타이틀 보험(Title Insurance)부터 알아보자. 등기에 대한 권리를 명확히 보호해주는 보험이다. 미국의 주마다 규정은 조금씩 다르며, 필수가 아닌 권장사항이다. All cash가 아닌 모기지론으로 대출을 껴서 매매할 경우, 대부분의 랜더가 요구하는 부분이기도 하다. 또한 혹시 모를 분쟁에 대비할 필요도 있다.

타이틀 보험에 들게 되면 타이틀 보험회사가 매입자의 소유권을 보호해주거나 관련 소송에서 패소하더라도 일정 금액을 보전해준다. 예를 한 번 들어보자.

한 집주인이 부동산 매매 및 등기를 진행한 후 얼마 뒤 인테리어를 새로 진행하게 되었다. 인테리어 비용이 20만 달러 발생하였는데, 집주인은 인테리어 업자한테 이 대금을 치르지 않은 채로 다시 집을 팔아버렸다. 인테리어 업자는 대금을 받기 위해 해당 집에 저당권을 설정하였고, 이런 사실을 모르는 새 집주인은 본인도 모르는 사이에 분쟁에 휘말리게 된다.

이 때, 새 집주인이 타이틀 보험을 들어 놓았다면 보험회사로부터 도움을 받게 된다. 처음부터 20만 달러의 인테리어 대금은 이전 집주인이 지불해야 하므로, 관련된 저당권을 명쾌하게 해결할 수 있다.

물론 이 정도의 소요사태까지 가는 일은 매우 드물며, 애초에 분쟁이 발생하지 않게 기존의 보험 사항을 에스크로 진행 과정에서 세부적으로 검토하게 된다. 비용 역시 각 주마다 다르긴 하지만, 통상적으로 1,000달러~1,500달러의 범위를 크게 벗어나지는 않는다. 법적으로는 필수가 아닌 권장사항이지만, 비용 대비 얻을 수 있는 효익이 매우 크기 때문에 들어 두는 것을 추천한다.

다음으로 홈 인슈어런스(Home Insurance, 집 보험)다. 크게 3가지 영역을 보호하게 되고, 이 홈 인슈어런스는 필수적으로 들어야 한다.

먼저 다양한 자연재해에 의한 피해를 보호하기 위함이다. 미국은 워낙 넓은 만큼, 정말 다양한 기후가 존재하는 나라다. 사막처럼 건조한 지역이 있는 반면, 겨울이 되면 계절 내내 폭설이 내리기도 한다. 그 뿐 아니라, 중부 지역에는 토네이도로 인한 주택 파손 뉴스가 매년 나오기도 한다. 역시 각 주별로 자주 발생하는 자연재해의 종류가 다르기 때문에 지역별로 관리되는 자연재해 속성에 따라 보험을 들도록 하자. 해당 지역의 리얼터가 자세히 안내해줄 것이다.

두 번째로 집 자체에 대한 파손을 보호하기 위함이다. 앞서 여러 번 설명한 것처럼, 미국은 나무로 지어진 목조 주택이 많다. 습한 지역은 몰라도 이런 목조 주택들이 건조한 지역에 지어졌다면 화재에 굉장히 취약하다. 화재뿐만이 아닌 내부 가구들의 파손에도 적용이 되며, 보험 계약의 조항에 따라 도난된 물품도 적용되니 참조하자.

세 번째로, 주택에서 발생한 인사 사고(사람이 다침)를 보호하기 위함이다. 살고 있는 세입자가 될 수도 있고, 내부 인테리어 공사 중이던 인부일 수도 있다. 피해를 입은 사람에게 보상을 해주고, 액수가 너무 높을 경우 보험에서 일정 부분을 부담하게 된다.

번외로, 위의 인사 사고와 집 파손이 결합된 경우도 있을 것이다. 이때는 인사 사고에 대한 보상과 더불어 집 수리 비용까지 발생하는데, 수리 기간 동안 임차인이 지낼 곳(혹은 실거주인 집주인) 또한 필요하다. 이때 발생하는 투숙 비용도 보험으로 커버가 가능하다.

PART

3

미국 부동산
실전 투자 방법
(심화편)

THE UNITED STATES
REAL ESTATE

하이 리스크 하이 리턴,
미국 부동산
단기 투자 방법 FLIP

　　　　　　일반적인 임대수익과 시세차익이 장기 투자라
면, 단기 투자 방법도 있지 않을까? 물론 있다. FLIP / ADU 라고 부
르는 방식이다. 개인이 진행 가능한 "소규모 재건축"이라고 보면 된
다. 물론, 인허가 단계부터 공사 업체 선정, 하드머니 대출 등등 진
행해야 할 절차는 매우 복잡하기 때문에 믿을 수 있는 파트너가 반
드시 필요하다. FLIP부터 살펴보자.

FLIP

FLIP은 "확 뒤집다"라는 뜻을 가지고 있으며, 이 뜻이 그대로 부동산에 적용된 형태이다. 굉장히 낡고 노후화된 주택을 골조만 빼고 모두 공사하여 새로운 집으로 탄생시키는 작업이다.

FLIP 전   FLIP 후

출처 : 프로퍼티앤비욘드

1. 방식

앞서 설명한 대로 미국은 연식이 굉장히 오래된 목조주택들이 많다. 이런 주택들도 한때는 잘 거래되었겠지만, 너무 노후화가 진행되면 사람이 살기에 부적합해지는 순간이 온다. 부동산의 가격을 구성하는 "토지＋건물"에서 사실상 토지 값만 받을 수 있으며, 이러한 매물들이 FLIP을 진행하기에 적합하다.

보편적으로 매물 수급 단계에서부터 FLIP을 전문적으로 하는 파트너 도움이 필요하다. 시공을 통해 주택에 새로운 가치가 부여되면 여기에 시세차익을 붙여 판매하는 투자 방식이다.

2. 예시 비용

2021년 말에 캘리포니아에서 진행된 실제 FLIP 사례를 아래의 표로 정리해 보았다.

구분	비용
공사 전 구매 비용	$970,000
Hard Money 대출 실행	$770,000
실 투자 비용(Down Payment)	$200,000
공사 비용(1층)	$38,300
공사 비용(2층)	$25,000
1년(12개월) Hard Money 이자	$42,750
총 투자 비용	$333,550
공사 후 판매 비용	$1,350,000
최종 수익(판매 비용-총 투자 비용-Hard Money 대출 실행)	$246,450

* 주마다 주택마다 비용이 다를 수 있음.

- **공사 전 매매가** : $97만

- **공사 후 판매가** : $135만

- **투자금 대비 연 환산 수익률(세전)** : 74%

    - 총 투자금 : $333,550

    - 총 수익금 : $246,450

위 사례의 연 수익률은 74%로, 굉장히 높은 편에 속한다. FLIP 은 하드머니를 사용하는 경우가 대부분이기 때문에 공사 기간이 길어질수록 수익률이 급격히 낮아진다. 위의 사례에서는 이자를

12개월 동안 납부했음에도 불구하고 수익률이 굉장히 높게 나왔는데, 이는 굉장히 이례적이라고 볼 수 있다. FLIP의 예상수익률은 20~30% 정도가 가장 보편적이다.

3. 예상 기간

통상적으로 공사 규모에 따라 3~5개월 정도 걸린다. 말 그대로 일반적인 상황일 때이며, 위 예시 사례는 총 12개월이 소요되었다. 물론 12개월 전부 공사를 한 것은 아니었다. 코로나바이러스 사태로 교외 주택에 대한 수요가 폭증했으며, 이에 따라 관련 업종에 종사하는 인력들의 인건비와 원자재 가격이 상승한 탓에 공사 기간과 비용이 늘었던 것이다.

4. 장점

- 노후주택을 싸게 매입, 빠른 공사가 진행될 경우 높은 수익률을 얻을 수 있다.
- 단독주택을 멀티 유닛으로 개조하여 임차인들로부터 세를 받을 수도 있다.(FLIP+ADU)

5. 단점 및 제한사항

- FLIP으로 인한 집값 상승률이 저조하면 오히려 큰 손해를 볼 수 있다.
- 주택 선정부터 수익 실현까지 절차가 복잡하여 일반인이 혼

자서 진행하기엔 무리가 있다.

- 전문성이 부족한 공사업체, 파트너와 일할 경우, 시간만 쓰고 수익이 나지 않는 경우가 빈번하게 발생한다. 오히려 마이너스가 나기도 한다.

6. FLIP Before VS After

외부

FLIP 전

FLIP 후

화장실

FLIP 전

FLIP 후

주방

FLIP 전

FLIP 후

침실

FLIP 전

FLIP 후

출처 : 프로퍼티앤비욘드

FLIP의 핵심은 3가지다.

집 면적과 동네에 따라 팔 수 있는 금액은 상한선이 정해져 있으므로, 얼마나 저렴하게 노후 주택을 매입할 수 있느냐가 첫번째 관건이다. 주변 시세가 100만 달러인데 80만 달러에 노후 주택을 매입했다고 가정해보자. 공사비를 아무리 싸게 하더라도 20만 달러 정도가 나올 것 같다면, 기타 부대비용을 더해질 때 이것은 이미 실패한 FLIP에 해당할 것이다. 아무리 예쁘게 공사를 진행한다 하더라도 옆집보다 터무니없이 높은 가격을 받아낼 수는 없는 노릇이다. 따라서, 진입 시점에 이미 수익률의 큰 부분이 결정 나게 된다.

두번째로, 빠른 공사 기간이다. FLIP을 하기 위한 노후 주택은 제대로 된 감정가를 받을 수 없기 때문에, 하드머니를 활용해서 모자란 매매 비용을 충당한다. 하드머니의 경우 대출의 활용 범위가 넓다는 장점이 있지만 이율이 일반 모기지론보다 비싸다. 이 상황에서 공사 기간이 길어지게 되면, 고정적인 이자 비용이 늘어나면서 수익률을 까먹게 된다.

공사 기간이 길어지는 이유는 역시 크게 두 가지인데, 인건비와 자재 비용 때문이다. 지역, 업종별로 약간씩의 차이는 있지만 보통은 어느 정도 정해진 구간이 있다. 수요와 공급의 법칙에 따라 공사가 확 몰리는 기간이 있다. 하루에 300달러를 받던 숙련공의 몸값이 이런 기간에는 500~600달러까지 확 뛰는 것이다. 이런 경우 공사 일정에 큰 영향을 줄 만큼 기간이 길어질 수도 있기 때문에, 고정 팀으로 이루어진 업체를 찾는 것이 무엇보다 중요하다.

자재비 역시 공사기간을 늘리는 변수다. 일정 재고를 미리 확보해둘 수 있을 정도로 어느 정도의 규모가 있는 업체라면 그나마 대응이 가능하다. 처음의 시공 계획에 따라 사용을 하기 때문이다. 물론 이러한 업체와 일을 한다고 하더라도 기존에 미리 확보해 두었던 자재가 아닌 다른 자재를 급하게 수급해야 하는 경우도 있다. 현장에서 설계 변경이 불가피한 상황이 발생하기도 한다. 예를 들어 갑자기 집 외벽의 나무를 변경하기로 했을 때, 급박하게 자재를 수급해야 하므로 저렴하게 구하기는 힘들 것이다. 특히 2022년 이후로는 각종 자재 비용들이 수직상승하고 있다. 따라서 FLIP을 할 때는 공사 비용과 하드머니 이자 등을 꼼꼼하게 따져보고 접근해야한다. 시간과 비용은 잔뜩 들였는데 실제로는 수익이 전혀 나지 않는 경우가 많기 때문이다.

세번째로, FLIP 이후 "누구에게 판매할 것이냐"가 중요하다. FLIP은 보통 투자용 상품이므로 투자자가 지낼 공간이 아니다. 그렇다면 철저하게 "누가 구매해서 지낼 것인지" 고려를 해야 한다. 이 포인트가 한국 투자자들이 종종 실수를 하는 구간인데, 너무 내 취향대로 디자인 설계를 해버리는 것이다.

FLIP 주택 동네는 백인들이 대부분 거주하고 있는데, 한국식의 인테리어를 해버린다면 어떻게 될까? 한국 주방의 경우 수납장이 많다. 하지만 백인들의 주방은 수납장보다는 깔끔한 선반을 더 선호한다. 내 취향을 맞추다가는 비선호 주택이 되기 쉬우며, 그렇다면 한 동네에서 비슷한 값을 받을 수 없다.

다음으로는 FLIP의 자세한 절차도 한번 알아보자.

1. 예산을 책정하자

너무나 당연한 이야기지만 FLIP에 투자할 수 있는 금액을 확인해야 한다. 통상적으로 FLIP을 진행하는 주택은 이미 노후화가 많이 진행되었으므로 모기지론을 받기 어려울 가능성이 높다. 그래서 하드머니를 사용하는 것이 일반적이다. 공사비, 세금, 각종 유틸리티 비용, 보험료 등을 미리 계산해서 예산 초과 상황을 겪지 말자.

하드머니론의 이자는 일반 모기지보다 이율이 2-3% 정도 높은 편이다. 따라서 공사가 완료된 즉시, 일반 은행권으로의 융자 교체를 진행하도록 하자.

2. 주택 매입

대공사이기는 하나, 아무것도 없는 땅에서 완전한 새 건물을 올리는 것은 아니다. 따라서 주택의 기본 골격과 배관, 전선, 지붕, 흰개미(Termite) 여부에 따라 공사비 차이가 크게 난다. 내부와 외부의 자재가 얼마나 낡았는지, 어떤 부분이 교체 대상인지, 최소한의 인테리어만 진행해도 되는지 확인해야 한다.

화장실 개수, 방 개수, 차고, 마당 등 공사 영역이 세분화되고, 당연히 많은 시공이 들어갈수록 공사비가 늘어난다. 그러나 무작정 대규모 공사를 한다고 해서 판매 가격이 급등하지도 않는다. 주변 시세와 비교해 매입 가격과 공사비 대비 좋은 가격에 팔 수 있는 매물을 고르도록 하자.

3. 디자인 회사를 찾자

이제 실력 있는 디자인 회사를 찾아야 한다. 물건까지 정해졌으니 주택의 내부/외부를 어떻게 꾸밀지 도면을 그려줄 업체를 알아보자. 도면이 완성되고 나면 그 도면에 대한 허가를 주정부에 신청하게 된다. 이후 RTI(Ready To Issue)*를 받게 되는데, 이때 비로소 공사 견적을 확인할 수 있다.

핵심은 최소의 공사 영역으로 최대의 디자인 효율을 얻어내는 것이다. 이를 위해서는 당장 집을 구매할 사람들이 선호할만한 디자인을 정확히 꿰뚫고 있어야 한다. 예를 들어, 코로나바이러스 사태 이후 새로 진행되는 공사에서는 화장실의 개수가 많아지는 경향을 보인다. 분리된 생활 공간을 선호하는 문화로, 방 1개당 화장실 1개 있는 집(예시, 방 4개/화장실 4개)들이 인기가 높아지고 있다.

이때, 주정부에 신청할 퍼밋이 한 번에 통과를 하는 것이 여러모로 좋다. 그러기 위해서는 너무 유명하고 큰 프로젝트들만 진행하는 업체를 찾기보다 시청에 자주 드나들면서 작은 프로젝트를 여러 개 하는 업체를 찾는 것이 좋다. 행정적인 문제가 발생할 경우 해당 담당자와 자주 업무를 해본 업체가 이슈 대응에 훨씬 유리하기 때문이다. 한 번 재심사를 받게 되면 그만큼 퍼밋 기간이 길어지고, 이는 비용 상승으로 이어져 수익률이 깎이는 결과를 가져온다. 꼭 주의하자.

4. 공사 시작

공사 업체가 등판할 시점이다. 이 역시 많은 경험치가 있어야만 최소의 비용으로 최대의 효율을 뽑아낼 수 있다. 도면을 가지고서 그대로 현실로 만들어내는 것은 온전히 공사 업체(General Contractor)의 몫이다. 다양한 프로젝트 경험이 있는 공사 업체는 자재를 빠르게 구할 수 있는 노하우를 보유하고 있다.

공사 업체와 계약을 할 때는 단계별로 진행되는 공사비의 지급과 타임 테이블을 정해야 한다. 이는 구체적일수록 좋다. 공사가 늦어질 때, 자재 수급이 잘 안될 때 등 구체적인 상황들을 가능한 한 모두 협상하자. 공사가 진행될 때 발생하는 분쟁을 최소화할 수 있다. 또한, 진행되는 절차와 완성도에 따라 공사비를 지급하는 방법도 있다.

모든 것들을 계획해도 변수는 발생하기 마련이다. 이 변수에 따라 일정의 변동이 자주 발생하는 편인데, 충분한 시간을 가지고 철저히 감독해야 한다. 공사 업체들은 계약을 딴 후 실제 업무를 진행할 사람들을 공정에 맞게 미리 섭외해두고 차질없이 공사하는지 감독한다. 이 때, 여러 개의 공사현장을 벌여 놓고서 인부들을 돌려가며 공사를 하는 경우가 많다. 그러니 반드시 한 곳에 전념하여 공사를 최단시간에 끝내줄 수 있는 곳을 찾아야 한다.

단계마다 늦지 않게 시(City)의 인스펙션을 신청하는 것도 중요한 포인트다. 인스펙션을 끝내야 다음 공사가 진행되기 때문이다. 이 역시 반려되면 그 기간 동안 공사가 중단될 수 있으므로, 고스란히 추가적인 이자 비용으로 이어진다.

5. 주방을 꾸며보자

공사가 끝나고 이제 주방을 꾸밀 차례다. 어플라이언스, 즉 가스렌지, 오븐, 냉장고, 세척기 등 필수적인 부엌 가구/전자제품은 구비하는 것을 추천한다. 가구는 구매자의 취향이 적극 반영되지만, 주방은 필수의 영역이다. Los Angeles Department of Water & Power(LADWP) 는 로스앤젤레스의 수자원부로, 수도와 전기 업무를 담당하는 곳이다.

LDAWP Market Place 같은 곳에서(https://marketplace.ladwp.com/)에너지 효율이 좋은(에너지 스코어 90 이상) 제품을 구매하는 경우 리베이트'를 받을 수 있으니 꼭 챙겨서 할인을 받도록 하자.

6. 리스팅을 하자

판매를 위한 기본 준비가 끝났다. 레드핀(Redfin.com) 이나 질로우(Zillow.com) 같은 사이트에 올려도 되지만, 역시 신뢰도 높은 리얼터를 찾아야 한다. FLIP 계획 단계에서부터 개입된 리얼터의 경우 이미 어느 정도 적정 가격을 산출하였을 것이다. FLIP을 진행했다고 해서 무작정 높은 가격을 받을 수는 없다. 시장 반응은 일주일 정도면 알 수 있으니, 반응이 없을 경우 가격 조정이 필요하다. 만약 투자용 매물이라면, 에스크로가 끝나기 전에 1031 Exchange 여부도 결정하도록 하자.

지금까지 FLIP에 대해서 다루어 보았다. FLIP 투자로 수익을 내기 위해서 반드시 위 내용들을 숙지한 다음 신뢰할 수 있는 파트너를 찾아 상담받도록 하자.

최소한의 비용으로
추가 수익을 창출하는 법,
ADU

ADU는 Accessory Dwelling Unit의 약자로, 말하자면 부분 증축이다. FLIP보다는 규모가 상대적으로 작고 공사 기간도 짧다. 최근 미국에서 거주 비용의 지속적인 상승으로 인해 홈리스가 상당히 많아졌다. 이 때문에 ADU 관련 법안이 2017년에 통과되었고, 허가를 받을 수 있는 허들이 많이 낮아졌다. ADU 작업 자체가 여러 개의 유닛을 생산하는 것이므로, 이 덕분에 주거용 유닛이 많이 공급되었다.

ADU (ACCESSORY DWELLING UNIT)

별관, 차고, 마당 등 보조 공간을 확장하여 주택의 가치를 상승시키는 방법
* ADU 가능 여부를 사전에 확인하여, 시 / 주정부의 허가를 거쳐 증축 후 판매.

Over the Garage

Garage Conversion

Stand-Alone Unit

Basement or Attic Conversion

출처 : 프로퍼티앤비욘드

1. 종류

• **1 sqft** * : 약 0.092 제곱미터

• **35.58 Sqft** : 약 1평

ADU는 다음과 같이 세분화할 수 있다.

(1) Detached : 단독주택에서 "분리된" 유닛을 새로 짓는 방식이

───────────

* 미국의 면적 단위

다. 새로 짓는 유닛의 사이즈는 2가지 조건 중 작은 값을 최대치로 한다.(1,200sqft or 현재 주택의 절반 넓이)

ex) 3,000sqft 주택:

 - 면적의 절반: 3,000/2=1,500

 - 1,200sqft보다 넓으므로, 둘 중 작은 값인 1,200sqft까지 시공 가능

2,000sqft 주택:

 - 면적의 절반: 2,000/2=1,000

 - 1,200sqft보다 좁으므로, 둘 중 작은값인 1,000sqft까지 시공 가능

(2) Attached : 단독주택에 "연결된" 유닛을 새로 짓는 방식이다. 사이즈 제한은 (1)과 동일하게 적용된다.

(3) Interior : 단독주택 내부를 분할하여 새로운 유닛을 만드는 방식이다. 용적률(건물 면적/땅 면적)이 최대여서 추가로 유닛을 짓지 못할 때 적용한다. 새로 분할된 유닛의 사이즈도 (1)과 동일하게 적용된다.

ex) 5,000sqft 주택 :

 - 면적의 절반 5,000/2=2,500

 - 1,200sqft보다 넓으므로, 새로 분할되는 유닛은 1,200sqft 까지 시공 가능

따라서 3,800sqft + 1,200sqft 로 분할해야 함

(4) Converted Garage : 기존에 있던 차고를 유닛으로 변경하는

방식이다. 중요한 건 사람이 살 수 있는 공간이어야 하므로 "침실＋부엌＋화장실＋주차공간" 4가지가 모두 있어야 한다.

＊최소 시설 허가 기준

- 부엌: 오븐＋싱크대

- 화장실: 욕조＋샤워부스

- 주차공간: 침실 1개당 1대

차고를 유닛으로 변경하고도 주차 공간이 넉넉하면 차고를 추가로 다시 만들지 않아도 된다. 집으로부터 0.5마일 안에 버스정류장이나 전철역이 있는 경우도 주차공간을 확보한 것으로 간주한다.

2. 예시 비용

인테리어 방식이 상대적으로 저렴하며, Garage Conversion(차고로 쓰던 공간을 공사하여 실제 거주가 가능하게 만드는 공사 방식)이나 Detached(기존의 단독주택에서 "분리된" 유닛을 새로 짓는 공사 방식)처럼 완전히 새로운 공간으로 꾸며야 하는 방식은 공사비가 많이 나온다. 아래는 실제 진행되었던 상황에 대한 예시 비용이다.

	Detached	Garage conversion	Interior
공사 평수(sqft)	1,100	500	400
공사 비용($)	180,000	120,000	30,000

＊ 주마다 주택마다 비용이 다를 수 있음.

3. 예상 기간

큰 문제가 없다면 2 ~ 4달 정도 걸린다.

가장 높은 수익을 얻기 위한 방향을 분석 후 디자인 의뢰를 맡긴다. 보통 디자인 업체에서 시청의 인허가 작업을 포함해 일을 진행하며, 허가가 나오게 되면 공사를 시작한다.

4. 장점

소유주가 직접 거주하면서 상대적으로 적은 비용으로 추가적인 수익 창출이 가능하다. 이후 주택 가치가 상승하면 차액도 기대해 볼 수 있다. FLIP보다 상대적으로 적은 비용과 높은 효용성이 있고, 약간의 변주로 완전히 새로운 느낌의 주택을 만들어낼 수도 있다.

무엇보다, 새로운 땅이나 주택의 매입 절차가 필요 없기 때문에 FLIP보다 난이도가 낮다. 별채(Detached)를 선택할 경우 새로운 개인 사무실, 서재, 스튜디오 등으로 다방면의 활용이 가능하다.

5. 단점 및 제한사항

우선 ADU의 면적 제한이 가장 두드러지는 단점이다. 집이 아무리 넓어도 1,200sqft이 한계이며, 집 면적이 2,400sqft 보다 좁을 경우는 시공 가능 면적 또한 줄게 된다. 또한 Detached 방식이라도 집 앞이 아닌 뒤쪽만 가능하다. 마지막으로, 일반적인 매매보다 절차가 복잡해서 사실상 모든 절차를 혼자 진행하기가 어렵다.

ADU 또한 FLIP과 마찬가지로 건축 승인은 필요하다. 제대로 된 승인 없이 공사를 진행할 경우 나중에 임차인에게 불법 구조물로 소송을 당할 수도 있으니 주의해야 한다. 조립식 ADU를 선택할 경우 공사 기간은 단축될 수 있으나, 기존 주택과 너무 다른 테마로 완성될 수 있으니 반드시 신뢰할 수 있는 파트너를 찾아서 제대로 된 공사를 진행하자. FLIP을 잘하는 업체가 ADU 역시 솜씨가 좋을 확률이 크다.

6. ADU + FLIP Before VS After

외부

ADU + FLIP 전

ADU + FLIP 후

다락방

ADU + FLIP 전

ADU + FLIP 후

주방 + 실내

ADU + FLIP 전

ADU + FLIP 후

출처: 프로퍼티앤비욘드

유일하게
한국보다 높은 세금,
재산세 줄이는 법

우선 한국의 상황을 짚고 넘어가자. 재산세는 보유하는 동안 발생하는 세금이며, 고가 주택의 경우 종합부동산세(종부세)가 중과된다. 한국의 보유세는 공시지가 기준으로 산출한다. 재산세가 공시지가의 0.1% ~ 0.4% 정도의 범위를 가지며, 종부세는 0.6% ~ 6.0% 까지 과세된다. 역시 과세표준에 따라 차등임을 알아두자.

아래 조건에 따라 세운 시나리오로 예시를 들어보겠다.

2주택에서 3주택으로 포트폴리오를 늘린 사람으로 가정해보겠다. 3주택, 조정지역 기준으로 취득세는 1억 2천만 원이 발생했다.

매입 가격	10억 원
취득세	1억 2천만 원(12%)
매도 가격	14억 8천만 원(48% 시세 상승)

이제 매입하면서 발생한 각종 경비(부동산 중개 수수료 등), 보유하는 동안 발생하는 보유세를 고려해보자. 매매가의 70% 정도가 통상적인 공시지가이니, 이를 기준으로 계산해보면 약 220만 ~230만 원을 매년 납부하게 된다.

3년 동안의 보유세: 220만 원 × 3=660만 원

3년 뒤 48%의 시세 상승이 발생했고, 14억 8천만 원을 기준으로 다시 매도하려 한다고 가정해 보자. 3년 뒤 14억 8천만 원을 기준으로 다시 매도하려고 한다.

매매 시 중개 수수료: 10억 상한요율 0.5%, 부가세 포함 550만 원

매도 시(3년 뒤) 중개 수수료: 14억 8천만 원 상한요율 0.6%, 부가세 포함 967만 원

양도세는 3주택 조정지역 기준으로 양도 소득세율은 약 70%, 약 3억 3천 2백만 원이다.

매매 가격: 10억			3년 뒤 48% 상승	매도 가격: 14.8억		

지출 항목

중개 수수료	상한요율 0.5% 부가세 포함	550만 원
취득세	3주택 12%	1억 2천만 원
보유세	1년당 220만원 3년	660만 원
매매 시 지출		**132,100,000원**

지출 항목

중개 수수료	상한요율 0.6% 부가세 포함	967만 원
양도세	3주택 양도 소득세율 70%	3억 3천 2백만 원
매도 시 지출		**341,670,000원**

3년 뒤 매매

필요 경비 1,000만 원으로 계산(매매 시 중개 수수료+@)

총 지출: 473,770,000원

3주택으로 조정지역에 10억 원으로 진입한 후, 3년 동안 약 48%의 시세 상승률을 얻고 매도하게 되면 약 4억 7천 3백만 원을 지출하게 된다. 개략적인 계산이지만 오차에서 크게 벗어나지는 않을 것이다. 무려 48%라는 큰 상승을 얻었는데도, 최종 지출을 계산하니 수익의 사실상 전부를 지출하게 되는 구조다. 농특세와 교육세는 고려하지 않았는데도 이 정도다.

이제 실질적인 물가 상승률을 감안하게 되면? 실제로는 48%가 아닌 약 60%가 넘는 상승이 발생해야 그나마 수익이 생기게 될 것이다.

그뿐만이 아니다. 고가의 주택으로 갈수록 주택 종합부동산세율이 추가로 붙는다. 14억 8천만 원 주택의 공시지가는 9억 원이 넘을 확률이 크므로, 종합부동산세 대상이 되면 위의 총 지출 금액에서 추가되어야 한다.

주택가격 구간별 세금

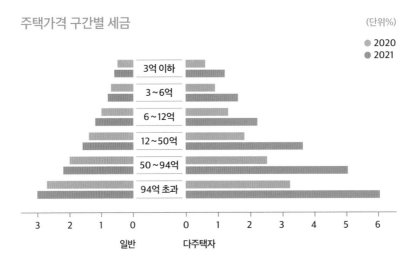

출처: 주택 종합부동산세율

3주택 조정지역이라는 조건으로 진행한 시뮬레이션이기는 하나, 의외로 우리 주변에서 많이 보이는 사례이기도 하다. 이처럼, 국내에서 2주택 이상으로 포지션을 옮기게 될 때는 필연적으로 세금 문제가 크게 대두된다.

미국의 상황은 어떨까?

미국의 재산세는 한국보다 높은 편이다. 세무상 과세표준을 기준으로 1.05%~1.2% 정도이며, 이 역시 각 주마다 조금씩의 차이가 있다. 특정 지역에서는 추가적인 세금이 붙는 경우가 있는데, 캘리포니아 주 얼바인 지역의 Mello-Roos Tax(일명 신도시 세금)가 대표적이다. 대규모 개발을 진행하면서 도입한 각종 공공시설(학교, 소방서, 상하수도 등)에 대한 비용을 충당하기 위해 채권을 발행 후, 그 비용을 지역 주택 소유주들한테 과세한다. 얼바인 지역의 재산세의 경우 약 1.4%~1.7%에 달한다.

이는 많은 분들이 미국 부동산의 세금이 한국보다 너무 높다고 표현하는 이유 중 하나다. 매년 부과되는 세금치고는 매우 과하다는 것이다. 하지만 그건 비교 방법이 잘못되었다는 것이 저자의 견해다. 아래의 정보를 확인하면 마냥 그렇지는 않다는 것을 알 수 있다.

1. 모기지론(주택담보대출) 금액에서 최대 75만 달러에 대한 이자(금융비용)까지 공제받을 수 있다. 연방정부와 주정부에 납부한 세금 또한 공제 가능하다.

2. Proposition 60/90(발의안 60/90으로도 부르며, 55세 이상의 고령자에게 주어지는 혜택이다. 본인이 거주하던 주택을 팔고 같은 가격 혹은 그보다 낮은 가격의 주택을 사거나 신축하였을 때 적용된다. 재산세가 산정되는 집의 가치는 1년에 최대 2%만 오르게 된다. 원래는 "새로 산 주택"에 산정된 가치만큼 재산세를 납부해야 하지만, 발의안 60/90에 의해 "원래 주택"의 재산세만 적용받게 되므로 그 차액만큼 절세가 가능한 구조이다.) 을 통해 재산세를 줄일 수 있다. 기존의 집을 매도하고 새로운 부동산을 매입했을

때, 재산세를 기존에 거주하는 주택으로 적용할 수 있는 항목이 있다.(이 부분은 각 주별로, 거주/비거주 부분, 외국인/내국인 신분을 다 따져야 하므로 전문가에게 반드시 상담을 받길 권한다.)

3. 재산세는 부동산의 가치와 직결된다. 내가 소유하고 있는 부동산 지역의 가치가 하락하고 있다면 세무서에 연락해서 재평가를 받을 수 있다. 부동산의 가치를 평가할 때는 다른 여러 사항들이 고려되어야 하므로, 고지 받은 재산세 금액이 이상할 경우 바로 세무서에 연락해서 정정하도록 한다.

4. 여러 증빙 자료들(근처 비슷한 면적의 매물 가격 등)을 준비해 법원에 탄원을 할 수 있다. 예를 들어 보유하고 있는 집의 감정평가금액이 20만 달러인데, 같은 지역에 있는 비슷한 평수의 집들이 17만 달러 정도에 팔린다고 하자. 그럼 20만 달러라는 감정평가금액에 대해 너무 높다는 탄원을 할 수 있다. 국내에서는 익숙하지 않지만, 미국에서는 많은 소유자들이 탄원을 통해 재산세를 낮춘다.

위 정보들은 "외국인 투자자" 포지션에선 변칙적으로 적용될 수 있으니 반드시 전문가의 확인을 받아야 한다.

한편, 미국은 기준점이 되는 세무상 과세표준의 인상 한도가 연 2%다. 한국처럼 공시지가가 급등해서 갑자기 부과되는 세금은 발생하지 않는다. 실제로 한국의 2020년 종부세 납세자 중 40%가

1주택자였다. 아래의 국세청 자료에서 볼 수 있듯이, 집의 주택공시 가격이 상승하면서 전년까지는 내지 않던 종부세를 1주택자 임에도 불구하고 납부하게 된 것이다. 매년 종부세 납부자 수, 납부액은 늘어나고 있다.

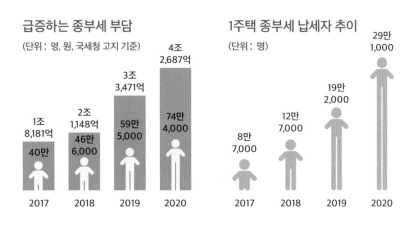

급증하는 종부세 부담
(단위 : 명, 원, 국세청 고지 기준)

2017	2018	2019	2020
1조 8,181억	2조 1,148억	3조 3,471억	4조 2,687억
40만	46만 6,000	59만 5,000	74만 4,000

1주택 종부세 납세자 추이
(단위 : 명)

2017	2018	2019	2020
8만 7,000	12만 7,000	19만 2,000	29만 1,000

종부세 분납을 신청한 개인
(단위 : 명)

2016	2017	2018	2019
1,373	1,605	1,714	8,252

올해 종부세율 인상에 따른 추가 국세 수입액
(단위 : 원)

2021	2022	2023	2024	2025
2조 3,504억	2조 9,835억	3조 5,459억	4조 1,978억	4조 9,474억

출처 : 프로퍼티앤비욘드, 2021년 7월 기준

거기다 이미 2주택자라면 세금 부담은 더욱 더 커질 것이다. 이런 부분들이 누적된다면 실질적으로 납부해야 하는 한국과 미국의 보유세는 별 차이가 없거나 오히려 한국의 세금이 더 큰 상황도 발생한다.

요약하자면, 한국보다 미국의 "재산세" 요율은 높은 것이 사실이다. 하지만 실질적으로 감면받을 수 있는 전략이 많이 존재하고, 한국에서는 종부세 또한 고려해야 한다. 이 같은 내용들을 종합할 때 "실질 세율"을 반드시 비교해 보아야 정확한 내용을 알 수 있다. 세금 공부는 부동산 투자를 위해 필연적이므로, 허투루 넘어가지 말도록 하자.

미국의 임대소득세 (Income Tax), 제대로 공부하자

이번엔 미국의 임대소득세에 대해 알아보자. 임대로 인한 소득이 발생할 경우, 징수를 하는 주체는 2곳이다.

- 연방정부세(Federal Income Tax)
- 주정부세(State Income Tax)

구조는 한국의 종합소득세와 유사하다. 벌어들인 소득을 먼저 계산하고, 공제할 항목들을 다 제한 뒤 나온 최종 산출 금액을 가지고 징수하게 된다. 각 소득 구간별로 내야 하는 세금 역시 다르다.

아래 테이블에 따라, 캘리포니아의 집으로 10만 달러의 소득을 올린 사람이 미혼일 경우 세금을 계산해보자. 편의를 위해, 공제할 금액은 없다고 가정해 보겠다.

2022년 미혼자 연방세

세율	과세 기준이 되는 소득	납부해야 할 세금
10%	$0 ~ $10,275	과세 기준 소득의 10%
12%	$10,275 ~ $41,775	$1,027.50 + $10,275에서 초과된 금액의 12%
22%	$41,775 ~ $89,075	$4,807.50 + $41,775에서 초과된 금액의 22%
24%	$89,075 ~ $170,050	$15,213.50 + $89,075에서 초과된 금액의 24%
32%	$170,050 ~ $215,950	$34,647.50 + $170,050에서 초과된 금액의 32%
35%	$215,950 ~ $539,900	$49,335.50 + $215,950에서 초과된 금액의 35%
37%	$539,900 ~	$162,718 + $539,900에서 초과된 금액의 37%

2022 연방세. 개인일 경우

Federal Income Tax

적용 구간: 24%

$15,213.5 + (100,000 - 89,075) \times 24\% = \$17,835.5$

2022년 미혼자 캘리포니아 주세

세율	과세 기준이 되는 소득	납부해야 할 세금
1%	$0 ~ $9,325	과세 기준 소득의 1%
2%	$9,325 ~ $22,107	$93.25 + $9,325에서 초과된 금액의 2%
4%	$22,107 ~ $34,892	$348.89 + $22,107에서 초과된 금액의 4%
6%	$34,892 ~ $48,435	$860.29 + $34,892에서 초과된 금액의 6%
8%	$48,435 ~ $61,214	$1,672.87 + $48,435에서 초과된 금액의 8%
9.3%	$61,214 ~ $312,686	$2,695.19 + $61,214에서 초과된 금액의 9.3%

10.3%	$312,686 ~ $375,221	$26,082.09 + $312,686에서 초과된 금액의 10.3%
11.3%	$375,221 ~ $625,369	$32,523.20 + $375,221에서 초과된 금액의 11.3%
12.3%	$625,369 ~	$60,789.92 + $625,369에서 초과된 금액의 10.3%

2022 캘리포니아 주세

State Income Tax

적용 구간: 9.3%

$2,695.19 + (100,000 - 61,214) \times 9.3\% = \$6,302.3$

총 세금: 17,835.5 + 6,302.5 = $24,137.8

10만 달러에 대한 소득세는 약 2만 4천 달러로, 24% 정도의 실질 세율을 가지게 된다. 실제로 공제할 수 있는 항목들을 적용하게 되면 세금은 좀 더 낮아진다.

다음 장에서는 임대소득이 발생할 시 접근할 수 있는 세금 공제 방법들을 소개하려 한다. 보편적인 관점이므로 외국인, 비거주자, 거주자, 실거주용, 투자용 등의 여부에 따라 세부적인 실질 세금은 충분히 달라질 수 있다. 이 점을 꼭 유념하시기 바라며 세무 및 회계 전문가들과 직접 상담할 때 참고용으로 활용하시면 도움이 될 것이다.

이것까지 공제된다고?
임대소득 세금공제
방법 8가지

        부동산을 샀다고 해서 끝이 아니다. 부동산 투자에서 가장 중요한 것 중 하나가 세금이다. 이는 한국과 미국 모두 마찬가지다. 그나마 국내에서 투자를 할 경우에는 주변에 많은 전문가들과 투자자들이 있기 때문에 조언을 받을 기회가 많아서 다행이라고 볼 수 있다. 하지만 한국의 투자자가 미국에 부동산을 투자할 때 도움을 받을 수 있는 크로스보더 딜(Cross Boarder Deal) 분야의 전문가는 한국과 미국을 통틀어서 극소수에 불과하다. 모두가 전문가인 것처럼 이야기하지만 그중에서 옥석을 가리기가 결코 쉽지 않은 것이 현실이다. 가장 좋은 방법은 진짜 전문가를 찾는 안목을 기르는 것인데, 이를 위해서는 투자자 스스로가 어느 정도의 지식을 가지고 있어야 한다.

1. 미국에 세금보고

미국 부동산 투자로 발생한 소득에 대해서는 꼭 '미국에' 세금 보고를 해야 한다. 그래야 정식으로 여러 가지 공제항목의 적용을 받을 수 있다. 바로 뒤 파트에서 다시 설명할 텐데, 세금 보고를 하지 않을 경우 연방세는 30%, 주세는 5%~10%에 추가로 이자와 벌금까지 발생할 수 있으므로 꼭 명심하자.

2. 수리비용

건물에 임대를 놓고 나면 시간이 지남에 따라 수리해야 할 곳들이 많이 생긴다. 수리 항목들이 타당하고 일반적이며 가격이 적당한 경우, 모든 금액은 해당 년도에 공제가 가능하다. 예를 들어 천장에 비가 새서 천장을 고치거나 깨진 유리창을 고치면서 생긴 비용은 모두 공제할 수 있다. 사용하면서 고장 난 냉장고도 마찬가지다.

하지만 여기서 주의해야 할 부분이 있다. 수리가 아닌 Capital Improvement(건물의 가치를 올리는 투자)를 하게 될 경우는 공제 금액에서 제외된다. 일반적인 수리가 아니고 내가 이 돈을 투자함으로써 집값의 상승을 노릴 수 있는 항목들 말이다. 차고에 자동문을 달거나, 외부 테라스에 원목자재를 써서 데크를 꾸민다거나 하는 액션들은 미국 국세청(IRS)에서는 투자로 본다. 이런 부분들은 보통 27년 6개월에 걸쳐 서서히 감가상각이 발생하니 참조하도록 하자.

따라서, 세금을 생각한다면 건물 가치에 한해서는 새로 교체하는 것보다 수리 진행이 좋다.

아래에서 조금 더 자세한 사례를 살펴보자.

- 장기자산을 예전보다 상태를 좋게 만드는 경우: (장기자산이란 1년 이상 수입을 창출할 수 있는 자산을 말한다. 대표적인 것이 부동산이다) 예를 들어 세입자에게 제공된 건조기가 고장이 났다. 수리공을 불러서 고장 난 건조기를 고치면 수리에 해당하고 이 비용은 당해 공제가 가능하다. 하지만 건조기를 새로 바꾼 경우에는 Capital Improvement이므로 바로 공제를 할 수 없다. 27년 6개월에 걸쳐 공제받아야 한다.
- 새로운 용도로 조정함: 커피숍으로 사용하던 공간을 오피스 공간으로 만드는 등 부동산 용도를 변경하는 경우 Capital Improvement로 본다.
- 본래의 상태를 더 좋은 상태로 복원하는 행동: 예를 들어 건물의 지붕을 복원하는데 원래의 건물자재가 아닌 더 좋은 자재로 복원하는 경우 Capital Improvement로 본다.

3. 이자

대출로 건물을 구입한 경우 가장 많은 지출이 발생하는 항목이다. 또한 앞에서 언급한 Capital Improvement에 대한 대출 이자 또한 해당한다. 2018년부터 "Tax Cuts and Jobs Act" 법에 따라

임대 수익이 250만 달러가 넘을 경우 이자에 대한 공제가 제한되긴 하지만, 이 역시 27년 6개월이 아닌 30년의 감가상각이 진행된다는 사항에 동의를 함으로써 피해갈 수 있다.

4. 여행 비용

매물을 관리하면서 발생하는 각종 이동경비가 포함된다. 건물 관리를 위해서는 갖은 이유로 왕래를 할 일들이 많이 생기게 된다. 세입자를 만나거나, 건물 수리에 필요한 자재를 사러 가는 경우 말이다. 차로 이동해야 할 경우 발생하는 기름값 등의 경비가 해당한다.

이 경우 역시, Capital Improvement를 위한 액션이라면 해당하지 않는다. 집 내부 인테리어를 새롭게 꾸며서 집의 가치를 높이려는 목적으로 디자이너와 미팅을 가지기 위해 이동하는 경비는 예외인 것이다. 이런 비용을 쓰게 될 경우, 일반적인 Basis 기준에 의거하여 공제가 된다.

자동차가 아닌 비행기 표, 체류기간동안 발생하는 각종 식사비용, 투숙 비용 역시 공제가 가능하지만 미국 국세청(IRS)이 굉장히 유심히 들여다 볼 것이다. 반드시 증빙자료를 놓치지 말고 모아두자.

5. 매물 관리 비용

(Property Management - 외주업체, 서비스업체 등 인력고용)

한국에서 일정 규모 이상의 건물을 관리할 경우 위탁관리가 보편적이다. 마찬가지로, 미국에서 임대사업을 하면서 건물을 관리하다 보면 직원들을 고용하거나 서비스를 의뢰해야 하는 일이 생긴다. 당연히 그에 대한 비용도 발생된다. 자사 직원이든 외주업체, 서비스업체든 상관 없이 모든 비용은 공제할 수 있다.

6. 보험

미국 부동산을 이야기하면서 보험을 빼놓을 수 없다. 한국 대비 자연재해(산불, 토네이도 등)가 많이 일어나는 나라이기 때문에 부동산을 매입하면 화재보험, 홍수보험, 건물보험 등을 들게 된다. 여기서 발생하는 보험 비용 역시 공제 가능한 부분이다. 만약 임대사업 관련 직원들이 있다면 직원들의 건강보험과 산재보험까지 공제 가능하다.

7. 전문가 서비스

건물을 소유하면서 임대를 줄 경우 매년 세무 및 회계 처리, 임대차와 관련된 분쟁을 다루기 위해 변호사나 회계사 등 전문가들에게 의뢰해야 할 일들이 많다. 임대사업과 관련되었음을 증빙할 수 있다면 운영비용으로 공제 가능하다.

8. 기타

이밖에도 Pass-Through Tax Deduction, Home Office, 동산(움직일 수 있는 물건 등) 등 추가적으로 절세할 수 있는 방법들이 무궁무진하다. 앞선 항목들은 대체적으로 "부동산 자체"에 연관된 것들이 대부분이다. 기타로 별도 빼낸 항목들은 어느 정도 외적인 부분이기도 하고 Pass-Through Tax Deduction 부분은 회사의 형태까지 설명해야 하므로 본 책에서는 생략하였다. 다만, Pass-Through Tax Deduction에서 매매 주체가 유한책임회사(LLC) 일 경우 발생하는 절세는 이 책의 핵심 내용 중 하나이므로 뒤에서 별도로 설명하도록 하겠다.

수익을 한국으로 가져오는 방법, 모든 세금은 반드시 미국에서 신고하라

미국 부동산 투자에서 발생한 소득을 한국으로 환수하게 될 때는 미국과 한국에 모두 소득신고를 해야 한다. 하지만 두 군데 모두 소득세를 내야 하는 것은 아니다. 미국에서 세금신고를 할 경우 한미 조세조약으로 한국에서 외국납부세액공제를 받을 수 있다.

우선 미국에서 소득이 발생할 경우 연방정부에 소득세를 30% 납부하게 된다. 주마다 조금씩 다르기는 해도 5%에서 10%까지의 주세가 추가로 붙는다. 만약 세금 보고를 하지 않았을 경우 각종 비용에 대한 공제 사항이 없으며 심하면 이자와 벌금까지 물어야 하는 경우도 발생한다. 수익이 발생한 원천이 미국에 있으므로, 무조건 미국에서 먼저 세금 신고를 해서 불이익을 피해야 한다.

만약 한국으로 소득을 환수하지 않고 계속 미국에 쌓아둔다면 한국에서는 계산할 세금이 없다. 통상적으로 한국으로 소득을 환수한 그다음 해에 종합소득세로 합쳐지는데, 미국에서 건너온 소득이 없으므로 보고할 세금 또한 없는 것이다.

여기서 주의할 점은, 기존에 한국에서 매년 종합소득세를 보고하고 있던 사람이라면 미국에서 수익을 환수할 경우 종합소득세의 세율 구간이 변할 수 있다. 따라서 미국의 소득이 합쳐질 때 액수를 잘 계산해야 현명하게 절세를 할 수 있다.

다음으로 LA 지역에서 매매가격 약 150만 달러 정도 하는 부동산을 매입했다고 가정해보자. 조건은 아래와 같다.

- 매매가격: 150만 달러
- 임대 수입: 12만 달러/년
- 감가 상각 이외의 비용 발생: 5만 달러/년
- 연방세 30% 가정
- 주세 10% 가정

(정확한 세율 구간은 조금 다르지만, 편의를 위해 연방세율 30%/주세율 10%로 계산해 보았다. 실제 소득세율을 계산할 경우, 꼭 전문가와 별도로 상의하자)

미국에 세금 보고를 하지 않은 경우

	미국	한국
소득	12만 달러(공제 불가능)	12만−5만=7만 달러
세금 계산	12만 × 40% = 4만 8천 달러	7만 × 20% = 1만 4천 달러
Total	4만 8천 달러	미국에서 한국 발생 세금보다 높으므로 내지 않음

먼저 미국에서 세금 보고를 하지 않은 경우다. 보고를 하지 않았으므로, 당연히 5만 달러의 비용이 공제되지 않아 12만 달러가 그대로 수익에 해당한다. 세금은 위에서 언급한 연방세 30%에 주세 10%로 가정해, 40%가 발생하였다. 다행히 이자나 벌금은 없지만, 결과적으로 4만 8천 달러의 세금을 내게 되었다.

한국에서의 세금은 4만 8천 달러보다 높지 않으므로 (편의상 1만 4천 달러로 계산), 한미 조세조약에 의거해 이 경우 최종 세금은 4만 8천 달러 달러가 된다.

미국에 세금 보고를 한 경우

	미국	한국
소득	12만−5만=7만 달러	12만−5만=7만 달러
감가상각* (3.636%/년)	150만 × 3.636% = 5만 5천 달러	N/A

최종 소득	7만-5만 5천=1만 5천 달러	N/A
세금 계산	1.5만×40%=6천 달러	7만×20%=1만 4천 달러
Total	6천 달러	1만 4천 달러-6,000달러 =8,000달러

* 감가상각비용: 부동산 가격 100만 달러×3.6%(감가상각률)를 적용. 보통 주거 건물인 경우 27년 6개월의 기간 동안 공제가 가능하다. 이를 계산하면 연간 감가상각률은 3.636%임.

반면 미국에서 먼저 세금을 보고한 경우다. 우선 비용 공제 5만 달러를 받은 후, 1년 감가상각 비용 5만 5천 달러를 추가로 뺄 수 있기 때문에 약 1만 5천 달러에 해당하는 금액이 최종 수익에 해당한다. 보수적인 비교를 위해 "세금보고를 하지 않은 세율" 40%를 그대로 적용해도 6,000달러의 세금만 발생한다.

역시 한국에서의 세금은 위의 조건과 같이 1만 4천 달러로 계산하였고, 한미 조세조약에 의거해 1만 4천 달러-6,000달러=8,000달러만 추가적으로 한국에서 납부하면 된다.

이처럼 미국에서 먼저 세금보고를 하게 될 경우, "최종 소득" 액수를 현저하게 줄일 수 있다. 여기서 부가적인 비용 공제까지 꼼꼼하게 챙길 경우 최종 소득이 (-)마이너스가 되는 경우도 있으니, 반드시 미국에 세금 보고를 해야 한다.

PART

4

빈번하게 일어나는
예상치 못한 일들,
미리 신경 쓰자

THE UNITED STATES
REAL ESTATE

주택 감정 후
대출 진행이 막히다!

　　미국 부동산에 투자를 진행하다 보면 다양한
변수들이 발생한다. 투자 물건 자체에서 발생하는 문제인 경우도
있고, 매매 과정에서 발생하는 외부 환경적인 요인들도 있다. 다 같
이 합심해서 문제가 해결되는 경우가 있는 반면, 의사결정 자체를
뒤집어야 하는 강력한 상황들도 언제든지 존재한다.

　이번 챕터에서는 저자가 실제로 진행했었던 투자 사례들 중 몇
가지 케이스들을 소개해보려고 한다. 특이하고 희박한 사례들이긴
하지만 한 번 발생하면 치명적이므로, 투자자라면 반드시 신경 써
야 하는 사례들 위주로 추려보았다. 미국 부동산 투자를 계획 중이
신 분들은 반드시 읽어 보시고 "모든 상황이 발생할 수 있다"는 유

연한 마음가짐으로 상황 대처에 도움이 되셨으면 하는 바람이다.

첫 번째 사례는 제목처럼, 주택 감정 후에 대출까지 이어지지 않은 케이스다. 어떤 점이 특이 케이스로 분류되었는지 지금부터 살펴보자.

수익률 관점에서 최상위 레벨인 매물이 나타났다. 레버리지를 가능한 많이 활용하고 싶은 고객님의 요청에 따라 수급 중이었는데, 심지어 아직 마켓에 리스팅도 되지 않은 매물이었다.

- 유닛 3개
- Listing Price 54만 달러
- 현재 월세 3,260달러
- 에스크로 종료 후 3달 뒤 월세 3,550달러로 인상 가능
- Emory University(US News 랭킹 전미 21위 대학교)에서 5분 거리
- 임차인 모두 점유 중(공실률 0%)

현재 조건 기준으로 Cap Rate = (3,260×12) / 540,000=7.24%였고, 월세가 인상될 시(3,550×12) / 540,000=7.88%까지 만들 수 있었다. 심지어 공실률이 0%인데다가, 모든 임차인들이 월세 상향 재계약에 동의까지 한 상황이었다.

고민하기보다는 즉시 잡아야 하는 매물에 해당했고, 고객님 동의 후 미국 현지 파트너와 오퍼에 착수하였다. 집 앞에 큰 나무가

있는데 1년 안으로 잘라야 했던 상황이라, 최종적인 오퍼는 55만 달러에 1만 달러를 에스크로 클로징 때 돌려받는 조건으로 수락되었다.

홈 인스펙션을 진행하다 보니 나무 데크/콘크리트 노출/콘센트 접지 관련해 3가지 필수 수리사항이 나왔고, 수리 비용 역시 에스크로 클로징 때 추가로 돌려받는 것으로 협의되었다. 이대로 진행만 되면 에스크로 클로징까지 일사천리로 진행될 예정이었다.

문제는 감정 단계, 어프레이절(Appraisal)에서 발생했다. 감정사 측에서 문제를 제기한 것이다. 앞서 소개받은 것처럼 해당 매물은 총 임차인이 3명 살고 있었다. 그러나 결과적으로, 해당 주택은 법적으로 3명의 임차인이 살 수 없었다.(최대 2유닛 구조로 등록). 1층에 2명의 임차인이 살고 있었고 2층(다락방)에 다른 1명의 임차인이 들어와 있는 구조였는데, 2층에는 주방이 들어올 수 없는 구조로 신고되었다는 것이 핵심이었다.

랜더 측은 즉시 감정회사와 미팅에 돌입했다. 지금의 집주인(Seller) 역시 같은 랜더에게 문제없이 돈을 빌렸고, 현 집주인이 감정받을 때에도 유닛이 3개였던 상태이긴 했지만 전혀 문제없이 진행되었기 때문이다.

통상적으로 감정사는 랜덤으로 배정이 되는데, 공정성을 위해 랜더나 리얼터가 개입할 수 있는 여지가 없다. 렌더 측은 감정 회사에 강하게 항의했고, 이전과 다를 바 없다는 조건을 어필했다. 이미 같은 동네에서도 수십 건의 동일한 상황(특정 유닛에 주방 설치)인 매물들이 거래된 이력을 감정 회사에 전달했고, 설득하고자 노력했지만 결과적으로 실패였다.

이제 고객은 선택을 해야 했다. 감정 절차를 새로 진행하던, 랜더를 새로 교체하건 어떻게든 매매를 진행할 방법들은 있었다. 비록 추가적인 비용이 들더라도 말이다. 하지만 이제, "나중에 파는 입장이 되었을 때 과연 문제가 없을까?" 라는 질문에 맞닥뜨리게 됐다.

에스크로 클로징 날짜는 이미 정해져 있고, 법리적 검토를 진행하기에는 시간도 촉박했다. 무엇보다 잠재적인 리스크를 안고 어떤 법적인 문제로 비화될 지 모르는 매매를 강행하는 것은 외국인 투자자 입장으로 굉장히 위험한 상황이었다. 수익률이 굉장히 좋은 매물이기는 했지만, 최종적으로 거래 철회 의사를 전달하고 다른 매물로 진행하는 것으로 마무리되었다.

대출 진행 중에
이율이 요동친다?

           2021년 12월만 해도 외국인 투자자의 30년 고정금리 모기지론은 4.25%~4.75% 정도에 진행이 가능했다. 하지만 2022년 1월부터 미국의 기준금리가 오를 것이라는 소식이 파다하게 퍼지더니, 결국 2022년 3월 17일, FOMC(Federal Open Market Committee, 연방공개시장위원회)의 발표를 통해 제로 금리 시대는 막을 내렸다.

    이후 하루가 멀다 하고 난감할 정도로 이율이 요동치기 시작했다. 모기지 브로커를 통해 듣는 미국 금융권의 현지 상황은 꽤나 혼란스러웠다. 수백개의 은행들이 다양한 대출 상품을 가지고 있는 만큼, 정확한 이율 안내가 어려워졌다. 오늘 0.25% 오른 대출 상품이

다음날은 0.5% 더 올랐다가, 그 다음날은 또 0.25% 떨어지면서 Rate Lock in(이율 고정) 될 때까지 안심할 수가 없었다. 당시 투자를 도와드리던 한 고객분이 있었는데, 이미 Pre -Approval 단계에 서 7/1 ARM 조건(7년 고정 이자에 이후 1년마다 변동금리), 4.875% 로 안내를 받아 오퍼/홈 인스펙션 등 진행을 시작하고 있는 상태였다.

단순히 기준금리가 1-2번 오르는 것으로 끝이 아니었고, 2022년 최대 7번까지 올릴 수 있다는 분석까지 나왔다. 조마조마한 상황이었다. 결국 최종 대출 서류 단계에서 5.25%의 Rate Lock in 이 진행되었고, 0.375% 오른 상태로 마무리 지었다. 2022년 4월 기준으로 같은 랜더의 같은 상품 이율이 더욱 올라 7%까지 기록되었고, 이 같은 상황은 앞으로 당분간 유지될 것으로 보인다.

신축 단지가
통째로 팔리다?
신축 분양 매매 시 주의사항!

출처: Area Development

조지아 주는 캘리포니아 주보다 상대적으로 부동산 가격이 낮다. 또한 친기업적인 정책의 일환으로, 미국의 다른 주들보다 법인세가 굉장히 낮은 편이다. 한국의 SK ON이 2020년에 조지아의 커머스 지역(Commerce)에 배터리 공장을 설립했으며, 제2의 테슬라로 불리는 리비안이라는 전기자동차 회사도 루틀레지 지역

(Rutledge)에 공장을 지을 예정이다.

미국의 Area Development(투자입지 관련 전문지)에서 발표한 2021년의 미국에서 가장 일하기 좋은 주에 조지아가 뽑혔다. 심지어 8년 동안 종합순위 1위를 내주지 않았을 정도다. 이처럼, 조지아 주는 언제나 기업들에게 각광을 받아왔다.

기업들이 들어온다는 것은 지역의 일자리가 늘어간다는 것을 뜻한다. 또한 유동인구가 늘어나고 교통 인프라 역시 새롭게 정비되어야 하며, 새로운 이주민들의 보금자리 역시 필요하다. 들어오는 기업이 거대한 제조업이라면 부수적으로 그 회사를 지원하기 위한 각종 벤더* 회사들 역시 따라오기 마련이다.

지난 2년 동안 조지아 주의 집값이 꽤 상승하기는 했으나 여전히 상승 여력이 남아있다. 인텔과 삼성전자가 입주한 텍사스 주 오스틴 지역의 사례에서 알 수 있듯이, 거대 기업이 들어오는 지역은 남다른 관심을 받게 된다. 또한 이런 기업들의 공장은 5년, 10년이 아닌 20년 이상의 장기 계획을 가지고 이주한다. 조금 공격적인 투자자의 경우 2-3년마다 주택을 사고 팔면서 계속 자산을 증식할 계획을 세울 수 있을 것이다. 이런 거대한 공장이 입주한 지역은 향후 수십 년 지역민들과 함께 할 것이기 때문에 해당 지역에서 얼마나 투자를 이어갈 수 있을지, 몇 번이나 사고 팔아야 하는지 가늠해 볼 수 있다.

이 같은 배경에 따라 조지아 주의 한인타운인 둘루쓰 지역은 물론이고 85번 고속도로, 985번 고속도로를 따라 이어지는 수와니,

뷰포드 등의 지역이 많은 관심을 받고 있는 상황이다. 이 지역에는 특히 신축 타운하우스나 싱글패밀리 하우스가 많이 생겨나고 있다.

이번에는 조지아 주의 신축 분양 매물을 원하셨던 고객님의 사

출처: 구글 지도

례를 이야기해보려 한다. 고객님은 뷰포드(Buford) 지역에 지어지는 100채 규모의 신축 단지를 브리핑했을 때 굉장히 마음에 들어 하셨고, 바로 건설사와 커뮤니케이션을 시작했다.

미국의 분양 구조는 한국과는 조금 다르다. 한국에서의 분양, 특히 아파트 분양은 온라인에서 대부분 이루어진다. 한국부동산원에서 제공하는 청약Home(applyhome.co.kr)이 대표적이다. 청약신청부터 당첨조회까지, 온라인에서 굉장히 쉽게 진행할 수 있다. 아파트가 아닌 일반 오피스텔이나, 빌라 분양 매물의 경우에도 판매자

가 적극적으로 마케팅 활동을 하는 편이다.

미국에서의 신축 분양은 한국과 다르게 "선시공 후분양"을 채택하고 있다. 마케팅 활동을 하는 것은 동일하지만, 한국에서는 정보들을 구하기가 쉽지 않다. 시공사 별로 천차만별인데, 전부 지어 놓고 판매를 하는가 하면 지어지는 순서대로 판매를 하기도 한다. 그래서 각 리얼터들은 신축 분양이 진행되는 회사의 담당자들과 긴밀히 교류하면서 매물이 나오는 시기에 맞춰 고객들에게 소개를 하고 있는 구조다.

그래서 특정 단지에서 2채(타운 하우스 1채, 싱글패밀리 하우스 1채) 매물을 할당받아 고객분과 송금 시기를 조율 중이었는데, 변수가 발생했다. 임대 사업을 전문적으로 하는 한 미국 회사가 단지 자체를 통째로 매매해버린 것이다.

한국에서 단일 계약자가 같은 아파트 한 동을 전부 구매했다고 하면 비유가 비슷할 것이다. 한국에서 이런 일이 벌어질 때는 처음부터 임대사업을 진행할 주체가 정해져 있는 편이다.(오피스텔 분양 등)

우리뿐만 아니라 해당 단지 구입을 진행하려고 했던 미국 현지의 자국민 고객분들도 취소 통보를 받게 되었다. 고객님께 양해를 구하고 다른 매물을 제안해 드렸던 굉장히 이례적인 케이스다.

집주인을 고소하는 임차인들?
반드시 시티 퍼밋(City Permit)을 신청하라

방 11개에 11명의 임차인이 거주하는 주택이 있었다. 그런데 그 주택은 월세를 올리지 않아 월세가 주변 매매가 대비 1/3밖에 안되는 굉장히 저렴한 수준이었다. 주택의 집주인이 바뀌고 나서 더 좋은 환경을 만들어 주려고 복도, 화장실, 부엌에 대한 공사를 진행하였다. 그러나 구조를 변경하거나 쪼개는 작업이 아니었기 때문에, 집주인은 시티 퍼밋(합법적으로 공사를 진행하기 위해 시청에 넣는 허가 신청이다.)을 신청하지 않는 오류를 범했다.

하필 임차인들은 진행되는 공사에 굉장히 비협조적이었다. 결국 LAHD에 퍼밋없이 진행되는 공사로 고발을 진행했다. 하우징*의 인스펙션 고지를 알리는 우편물도 숨겼고, 주인에게 전달하지 않았다. 이로 인해 집주인은 인스펙션에 대비하지 못했고, 2차 인스펙션, 3차 인스펙션도 마찬가지였다.

심지어 주택 구조에 대한 등록도 잘못 들어가 있었다. Certificate of Occupancy(점유 증명서로 해석하며, 해당 주택이 각종 건축법에 저촉되지 않고 정해진 가구가 살기에 적합한 상태임을 나타낸다. 이 집은 One Family Dwelling and 5 Guestroom, 즉 하나의 가족(1세대)과 5명의 임차인, 최대 임차인은 6명이어야 했다.) 하지만 11개의 계약서가 존재했으므로, 위법 판정이 떨어졌다.

결국 5명의 임차인을 내보내거나, 혹은 11개로 구조를 변경하는 공사 → 퍼밋 → 시공의 절차를 거쳐야 했다. 집주인은 공사를 선택했지만, 이마저도 임차인들이 비협조적으로 나왔다. 결국 시(City)에서 제동을 걸게 되었고, 11명이 내는 월세는 모두 시로 귀속되었다. 집주인이 떠안은 경제적 손실은 어마어마했으며, 결국 집을 내놓을 수밖에 없었다.

미국 부동산 투자 전, 알면 좋은 배경지식들

THE UNITED STATES
REAL ESTATE

부동산의
본질에 집중해보자

| 부동산

토지와 그 위에 있는 건축물 및 입목(立木). 〈민법〉에서는 부동
산을 토지와 그 정착물이라고 규정하고 있다.

출처: 한국민족문화대백과

이번 챕터는 부동산의 정의로 이야기를 시작해보려 한다. 몇몇
사전마다 설명이 조금씩 다르기는 하지만 대체적으로 "토지"와 "그
위에 있는 정착물"의 이야기는 반드시 들어간다. 한마디로 땅과 거
기에 심어진 식목이나 지어진 건물들은 모두 부동산에 해당한다.

또한 동산은 "부동산 이외의 물건은 모두 동산"으로 정의된다. 재미있게도 부동산/동산 두 가지의 단어는 아닐 불(不) 자로 구분되지만 정의상으로는 부동산에서 파생된 것이 동산인 것이다. 그만큼 움직이지 않는 장소, 또한 그 자리에 있는 정착물에 대한 의미는 남다르다. 너무 거창하고 포괄적일 수 있지만 부동산의 본질에 대한 탐구가 필요한 이유는 본 책 전체를 관통하는 중요한 내용이기 때문이다. 어떤 특성들이 있는지 조금 더 자세히 바라보자.

토지의 자연적 특성과 인문적 특성 부분은 한국에서 공인중개사 공부를 해보신 분들이면 무척 익숙한 개념일 것이다. 먼저 토지의 자연적 특성으로는 부동성, 부증성, 영속성, 개별성, 인접성 총 5가지가 있다.

- **부동성**: 땅은 이동할 수 없이 위치가 고정되어 있다.
- **부증성**: 생산할 수 없고, 물리적인 절대량이 증가하지 않는다.
- **영속성**: 물리적인 절대량이 소멸하지 않는다.(감가상각이 없다)
- **개별성**: 각각의 토지는 모두 개별적이다. 다시 말해, 물리적인 대체가 불가능하다.
- **인접성**: 토지는 각각의 개별적인 토지들과 연결되어 있다.

그 다음 토지의 인문적 특성으로는 용도의 다양성, 병합 및 분할의 가능성, 위치의 가변성, 국토성 등 총 4가지가 있다.

- **용도의 다양성**: 토지는 여러 가지 용도로 활용될 수 있으며, 전

환이나 이행도 가능하다.

- **병합 및 분할의 가능성**: 토지는 법의 테두리 안에서 합치거나 쪼갤 수 있다.
- **위치의 가변성**: 토지의 절대적 위치는 절대적이어도, 상대적 위치는 환경변화에 따라 변한다.
- **국토성**: 토지는 사회성 및 공공성의 성격을 띠고 있는 재화이고, 토지공개념이 성립 가능하다. 다만 법적 규제의 필요성 또한 따라온다.

보편적으로 부동산학개론에서 제시하는 특징대로 열거하였다. 학문적인 내용이고 또한 각 개념마다 하위의 구체적인 설명이 붙기는 하지만 개론 공부가 목적이 아니므로 넘어감을 양해해주시리라 믿는다.

한국에서 부동산 투자를 해보신 분들, 특히 서울권/경기권 분들은 다음과 같은 단어에 익숙할 것이다. 강남3구, 마용성, 노도강, 구금관 등…+몇몇개의 구들이 행정구역의 앞글자만 따서 불리곤 한다. 강남3구는 아시다시피 서초구, 강남구, 송파구를 뜻하고, 마용성은 마포구, 용산구, 성동구이다. 또한 노도강은 노원구, 도봉구, 강북구이며, 구금관은 구로구, 금천구, 관악구를 말한다.

강남에서 마포구로 자동차로 이동하려면 반드시 한강을 건너야 한다. 위치가 고정(부동성)되어 있기 때문이다. 또한, 보편적으로 도봉구의 집값보다는 강남구의 집값이 훨씬 비싸다. 왜 비쌀까? 수요는 높은데 땅은 한정되어 있기 때문이다(부증성). 또한 내 소유가 된 땅은 아무리 시간이 지나도 줄어들지 않는다.(영속성)

그리고 같은 토지는 존재하지 않는다. 내가 매매를 한 토지 위에 건물을 세우거나 나무를 심을 수는 있어도, 다른 토지가 위에 얹어지는 것은 물리적으로 불가능하다(개별성). 마지막으로, 강남구과 서초구는 행정적으로 구분이 되어있기는 하나, 연결된 토지이다(인접성).

이처럼 토지의 자연적 특성은 우리가 일상생활을 하면서도 자연스레 교차되는 개념이다. 그렇다면 인문적 특성은 어떨까?

우리는 용도변경을 통해 논이었던 토지 위에 건물을 세울 수 있다(용도의 다양성). 또한 옆의 다른 토지와 나의 토지를 합쳐 좀 더 부가가치가 높은 건물을 세울 수 있다(병합 및 분할의 가능성). 또한 1기 신도시가 막 개발되기 전에 성남의 판교 지역은 큰 관심을 받지 못하였다. 사실 대부분 논밭이었다. 그러나 지금은 어떤가? 한국 굴지의 IT 기업들이 모인 첨단산업의 메카가 되어 있고, 판교역 앞의 아파트는 십수억 원의 가격을 웃돈다. 다른 지역보다 상대적으로 많은 가치가 유입되면서 위상이 올라간 것이다(위치의 가변성).

마지막으로(국토성)의 경우이다. 토지는 유한하므로 모든 토지를 시장경제에 맡기는 것보다는 일정 부분 규제를 통해 공공재로 활용을 하기도 한다.

토지의 인문적 특성은 자연적 특성보다는 어느 정도 의도가 담겨 있는 것으로 풀이된다. 그렇다면 이것을 한단어로 이야기하면 무엇일까? 바로 우리가 부동산 투자를 고민하고, 결심에 이르기까지, 또한 판매할 때까지 고려하게 되는 바로 '입지'이다.

입지의 가치는
국가 불문이다

한국에서 주된 투자대상은 아파트이다. 실거주를 할 수도, 임차인을 구해서 전세 혹은 월세를 받을 수도 있다. 보편적으로 소위 5대 브랜드라고 불리는 대기업 건설사의 아파트 브랜드들이 익숙하고, 길을 걷다가 혹은 차를 타고 가다 보면 다른 아파트들도 여럿 보인다.

아파트에 대한 투자 결정을 할 때도 매우 다양한 요인들이 고려된다. 회사와의 출퇴근 거리가 중요한 사람, 주요 거점을 최단 환승 혹은 한 번에 이동할 수 있는 대중교통이 중요한 사람, 아이들의 교육이 중요해서 학군을 우선시하는 사람, 지금 가치보다는 차후의 개발 가능성을 따져 시세 차익을 보는 사람 등등 다양하다.

여기서 재미있는 점은, 하나의 같은 아파트 단지를 바라보면서도 각자 중시하는 가치가 투영되는 것이 다르다는 부분이다. 나한테는 고속도로 입구가 가까워서 매매하기로 한 아파트가, 누구에게는 대중교통이 그다지 발달하지 않아서 별로 좋지 않다고 여긴다. 생각해보면 매우 당연한 이야기이다. 모두 자라온 환경이 다르고, 이에 따라 다르게 누적된 문화적인 경험들이 내가 얻게 될 거주지, 즉 부동산에 투영이 된다. 아래 지도를 한번 보자.

출처: 네이버 지도. 축적 30km

축적 30km의 네이버 지도이다. 이 정도 축적에서는 사실상 고속도로만 보인다. 서울 근처에 과천, 수원 등이 보이고, 대전, 대구, 광주, 부산 등 알려진 대도시들 또한 보인다.

우리는 이미, 언급한 이 도시들의 인구나 인프라가 다른 중소 도시나 읍/면/리로 나뉘는 행정지역들보다 훨씬 풍부하게 갖춰져 있다는 사실을 알고 있다. 대한민국 국토의 약 70%가 산지인 만큼, 지도상에 보이는 흰색 지역(상대적으로 초록색인 지역 대비)들 위주로 고속도로가 연결되어 있다는 것을 쉽게 인지할 수 있다.

굳이 서울시 안의 강남3구(강남구, 서초구, 송파구)나 마용성(마포구, 용산구, 성동구)을 언급하지 않더라도, "입지"라는 것은 필연적으로 사람들이 쉽게 모일 수 있는 장소에 힘이 실리게 된다. 대한민국이 다 나올 만한 지도에서는 두말할 것 없이 가장 좋은 입지는 서울과 근교의 경기도 지역들이다.

한편, 서울로 좁히게 되면 어떨까? 역시 언급한대로 강남3구가 가장 먼저 꼽힐 것이다. 그런데 가만히 보니, 공교롭게도 부산과 서울을 잇는 경부고속도로의 끝지점이다. 양재, 서초, 반포, 잠원 IC가 수km 거리로 빼곡히 자리하고 있고, 이 IC 근방의 아파트들은 매우 고가에 거래되고 있다. 한남 IC에서 바로 연결되는 압구정 지역은 어떨까? 압구정현대아파트 단지로 대변되는 상징적인 지역이다.

도로가 놓인 지역이 먼저 발달한다거나, 사람이 모인 곳에 도로를 놓는다거나, 이런 도시개발 관점에서의 이야기는 잠시 뒤로 미뤄두자. 좋은 입지란 결국 많은 사람들을 아우를 수 있고, 주거생활

이 풍요로운 곳이다.

왜 지금까지 미국 부동산과 상관없는 것 같은 이야기를 길게 했을까? 결론은 아주 간단하다. 미국뿐만이 아니라 어떤 나라든지 '좋은 입지'에 대한 정의는 완벽하게 똑같다. 단지 차이점이라면, 누적된 문화 차이에서 오는 지리적인 상대성뿐이다. 토지의 인문적 특성 중 위치의 가변성과 가장 밀접하다고 볼 수 있을 것이다. 아래 지도를 한번 보자.

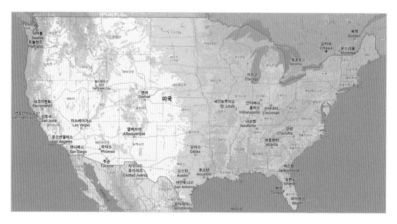

출처: 구글 지도. 축적 200km

축적 200km의 구글 지도로 미국을 바라보았다. 왼쪽에는 태평양, 오른쪽에는 북대서양을 끼고 있고, 직접적인 국경을 마주하고 있는 나라는 캐나다와 멕시코 뿐이다. 알래스카 주의 경우 러시아와 가깝긴 해도 바다를 끼고 있으니 논외로 하자.

이 정도 축적에서도 역시 우리가 흔히 아는 대도시들이 보인다.

서쪽의 샌프란시스코, 로스앤젤레스, 샌디에이고 등이 있고, 오른쪽으로 가면서 댈러스, 시카고, 애틀랜타 등이 보인다. 동쪽에는 워싱턴 D.C, 뉴욕 등이 있다.

가장 굵직한 도로를 살펴보자. 주간고속도로, Interstate Highway는 1956년부터 건설을 시작한 도로이면서 2006년 기준으로 약 75,440km에 달하는 사실상의 미국 중추도로이다. 이 중에서도 특히 눈여겨볼 도로들은 아래와 같다.

동-서 관통

• Interstate 90(I-90) : 약 4,987.47km / 매사추세츠주 보스턴 – 워싱턴주 시애틀

- Interstate 80(I-80): 약 4,666.36km / 뉴저지주 티넥 - 캘리포
  니아주 샌프란시스코

- Interstate 40(I-40): 약 4,112.03km / 노스캐롤라이나주 윌밍
  턴 - 캘리포니아주 바스토

• Interstate 10(I-10) : 약 3,959.53km / 플로리다주 잭슨빌 – 캘리
포니아주 산타모니카

남-북 관통

• Interstate 95(I-95) :
약 3,089.52km / 워싱턴주
블레인 – 캘리포니아주 샌
디에고

• Interstate 75(I-75) : 약 2,875.04km / 메인주 경계 – 플로리다주
마이애미

• Interstate 5(I-5) : 약 2,222.97km / 미시간주 수세인트마리 / 플
로리다주 마이애미

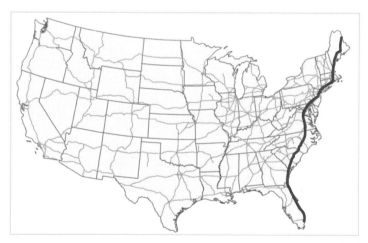

수많은 고속도로들이 있지만, 동서를 관통하는 4개, 남북을 관통하는 3개의 도로만 추려보았다. 가장 눈에 띄는 특징은 대부분 휴양지이거나 거대한 항구도시라는 부분이다. 앞서 언급한 1956년까지 거슬러 올라가는데, 아이젠하워 대통령 집권 기간이었다. 제2차 세계대전 이후 급증하는 도로 교통 수요를 충당하기 위해 1956년에 새로운 연방 도로법이 제정된 것이다.

언급한 7개 도로는 대부분 1956년, 1957년에 개통된 만큼, 미 정부는 동-서, 남-북을 관통하는 도로의 중요성을 일찌감치 잘 알고 있었다. 내륙 물류의 중추를 담당하는 기차와 물류 트럭도 한몫했지만, 결국 각 개인의 지역 이동은 "자동차"라는 것이 필연적이다. 한 주(State)가 대한민국 면적보다 넓은 곳도 있는 나라인 만큼, 미국인들의 삶에서 자동차라는 수단은 친구 이상의 의미를 지니고 있다.

한국에 경부고속도로가 있는 것처럼, 미국에는 주간고속도로(Interstate Highway)가 있다. 이 중심도로를 기반으로 연결된 지역은 이미 사람들이 많이 모여 살고 있는 곳이다. 직주근접(직장과 주거가 가까운 것), 초품아(초등학교를 품은 아파트), 역세권(지하철이나 기차역을 도보로 5~10분 내로 갈 수 있는 지역) 같은 한국인들의 생활양식에 기반한 디테일한 입지 조건들은 이 상황 위에서 만들어진다.

미국도 마찬가지로, 특정 지역에는 특정 인종들이 많이 모여 살고 있으며, 거주 지역과 업무지구 들이 굉장히 잘 구분되어 있다. 대학교 주위이냐, 트램이나 버스가 다니고 있는 지역이냐, 치안은

어떻냐 등 세부적인 요소 하나하나가 지역 부동산 가격에 반영이
된다.

　문화적인 요인에 의해 구체적인 선호하는 입지 조건은 다른 게
분명하지만, 각 나라, 지역의 입지 조건이 탄생한 배경은 결국 하나
인 것이다. 입지의 가치는 국가 불문이다.

제로 금리 시대의 마감, 기준금리란?

　　미국 시간으로 2022년 3월 16일, 제롬 파월 의장이 이끄는 연방공개시장위원회(FOMC, Federal Open Market Committee)에서 미국의 기준금리를 0.25%p 인상하였다. 이에 따라 0%p ~ 0.25%p를 유지하던 미국의 기준금리는 0.25%p ~ 0.5%p로 바뀌면서, 3년 3개월 만에 사실상 제로 금리 시대를 마감하게 되었다.

　　현대 시대를 살아감에 있어서 이 기준금리의 영향력은 사실상 절대적이다. 금융과 연관된 모든 영역에서(부동산에 대한 담보대출을 실행할 때, 은행에서 예금 / 적금 금리를 정할 때 등등)힘을 발휘하기 때문이다. 따라서 이 기준금리가 무엇인지 먼저 살펴볼 필요가 있다.

| 기준금리

자금을 조달하거나 운용할 때 적용하는 금리의 기준이 되는 금리. 한 나라의 중앙은행에서 금융 정세의 변화에 따라 일정 기간마다 결정하며, 금융 시장에서 각종 금리를 지배한다.

출처: 네이버 국어 사전

대표적인 금융기관인 은행은 우리 생활과 밀접하게 얽혀 있다. 위에서 언급한 것처럼 각종 대출 업무를 보거나, 송금을 하거나, 예금/적금 상품에 가입하거나 할 때 가능한 은행을 거치게 된다. 한마디로 요약하면 기준금리란 '돈에 대한 사용료'이다.

여기서 의문점이 발생할 수 있다. 우리가 알고 있는 국민은행, 신한은행 등에서 제공하는 금리는 왜 항상 기준금리보다 높을까라는 부분이다. 2022년 4월 기준으로 한국 중앙은행의 기준 금리는 1.50%이다. 하지만 주택담보대출을 검색해보면 전부 최저 3%가 넘는다. 담보대출이 이러니 신용대출의 금리는 더 높을 것이다.

은행은 돈과 연관된 조직이다. 신뢰를 기반으로 고객의 돈을 맡아 주기도 하며 돈이 필요한 사람들에게 융통을 해주기도 한다. 말그대로 '돈을 가지고 돈을 다루는' 곳이다. 당연히 이를 위해서는 막대한 자금력과 더불어 지역 곳곳의 네크워크가 필요하다. 각 은행들은 한국은행에서 정해준 기준금리에 더해 조직을 갖추고 운용하는 비용이 포함되어 있기 때문에 이러한 현상이 나타난다.

이 기준금리는 한국뿐만 아니라, 전 세계에서 공통으로 사용되는 개념이다. 미국연방준비은행, 유럽중앙은행 등이 그런 곳이다. 각국의 "중앙은행"으로 지칭되며, 한국은행과 마찬가지로 달러화, 유로화등의 기준금리를 지정해서 공표한다.

그 중에서도 특히 미국연방준비은행에서 정기적으로 행하는 FOMC, 연방공개시장위원회의 회의가 대표적이다. 절대적이라고 표현해도 될 정도로, 전 세계의 대다수 투자가들은 이 FOMC의 회의록에 기록된 문구 하나하나를 상세하게 분석한다. 왜 그럴까?

FOMC가 중요한 이유

제롬 헤이든 파월 연방준비제도(FED) 의장은 뉴스에도 자주 등장하는 분이며, '세계 경제 대통령'이라고 불릴 정도로 막대한 영향력을 가지고 있다. 이 분이 주재하는 회의에서 결정된 미국의 기준금리는 발표 즉시 전 세계에 영향을 끼치게 된다. 이유는 매우 간단하다. '현재의 기축통화국=미국'이라는 상황 때문이다.

국제무역과 인터넷이 보편화되면서 각 나라의 화폐들이 서로 연결되기 시작했다. '환율'이라는 개념을 통해 각 화폐들의 교환비가 어떻게 되는지, 또 그 교환비가 어떻게 변하는지에 따라 바다 건너 돈의 이동 흐름을 알 수 있게 된 것이다.

앞선 장에서 설명한 것처럼 기축통화는 국제무역의 표준 화폐이다. 지구에 있는 나라 중 가장 큰 영향력을 끼치는 화폐의 사용료(기준금리)를 결정하는 회의라면, 회의록에 기록된 문장의 조사 하나하나까지, 의장이 어느 타이밍에 한숨을 쉬었는지 부분까지 분석의 대상이 될 정도로 주목을 받게 되는 것이다.

왜 기준금리가 올랐을까?(누가 내 대출 금리를 올렸을까?)

"지금 인플레이션이 한창 진행 중인가?"라는 질문에는 어느 누구도 쉽게 답을 내리기 어렵다. 하지만, 질문을 조금 바꿔보자. 누군가 "인플레이션 공포가 커지고 있는가?"라고 물어본다면 어느 정도 구체성을 가진 대답을 할 수 있다.

이제, 이 시점에 왜 미국이 기준금리를 올렸을까 라는 의문이 든다. 이 기준금리의 조절은 물가를 조절하는 가장 강력한 수단 중 하나이다. 한마디로, 미국연방준비은행에서 기준금리를 올린 것은 인플레이션에 대응하기 위해서이다.

발효일	시간	발표	예측	이전
2022년 04월 12일 (3월)	21:30	8.5%	8.4%	7.9%
2022년 03월 10일 (3월)	22:30	7.9%	7.9%	7.5%
2022년 02월 10일 (3월)	22:30	7.5%	7.3%	7.0%
2022년 01월 12일 (3월)	22:30	7.0%	7.0%	6.8%
2021년 12월 10일 (3월)	22:30	6.8%	6.8%	6.2%
2021년 11월 10일 (3월)	22:30	6.2%	5.8%	5.4%

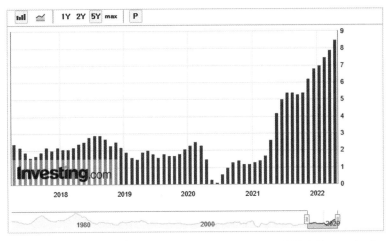

출처: 인베스팅, 미국 소비자물가지수 CPI 5년 그래프

위 그래프는 미국 소비자물가지수(CPI)이다. 이 CPI는 소비자 관점에서의 상품들과 서비스 가격 변동을 측정하는 지수이다. 인플레이션의 변동성을 확인할 수 있는 좋은 자료 중 하나다.

2022년 4월 12일의 발표에 따르면, CPI는 8.5%로 기록되었다. 2020년 초를 보면 0%에 근접했던 적도 있다. 바로 코로나바이러스가 창궐하던 때다. 소비가 극한으로 줄었던 기간이기도 하다. 시간을 좀 더 뒤로 돌려보면 어떨까?

1970년부터 CPI 그래프를 확인해보자. 우선 2009년 부근을 보면 -2.1%까지 기록했다. 서브프라임 모기지 사태에서 시작된 금융위기로, 2020년의 코로나 사태와 흡사하다. 공포감으로 인해 소비가 위축되면서 물가 또한 동반하락한 것이다. 그런데 지금은

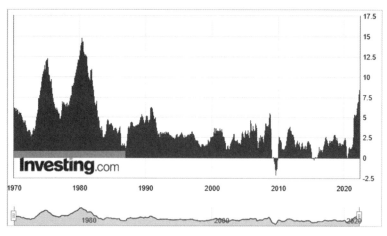

출처 : 인베스팅, 미국 소비자물가지수 CPI 50년 그래프

1982년 이후 최고점을 기록했을 정도로 물가가 높게 치솟았다. 이 상황을 어떻게 해석해야 할까?

미국 소비자 물가지수와 기준금리에 대해 같은 시간을 놓고 비교해 보면 기준금리가 확 떨어졌던 시기가 3군데 있다.

2000년 : 닷컴 버블 붕괴

2008년 : 서브 프라임 모기지 사태

2020년 : 코로나 바이러스 사태

글로벌 경제에 영향을 끼쳤던 3가지 이슈다. 각기 다른 이유로 발생하였지만, 전세계적으로 경제에 큰 충격을 주었다는 공통점이 있다. 이런 거대한 사건들이 있고 나서 미국의 기준금리는 이례적인 속도로 하락을 하였고, 1% 혹은 0%에 가깝게 유지되었다. 너무

출처: 인베스팅/FRED

나 당연한 이야기이다.

"위축된 소비 심리를 위해, 돈의 이용료를 낮추다"

위기가 찾아오면, 누구든지 움츠러들게 된다. 이때 어떻게 할지 각자 계획을 세우게 될 것이다. 이 시기에 가장 쉽게 접근할 수 있는 방법은 역시 소비를 제한 하는 것이다. 만약 소비가 제한되면 경제성장은 어떻게 될까? 점차 둔화되다가 역성장을 할 수도 있지 않을까?

이제 이 위기 극복을 위해 사람들에게 소비를 촉진시켜 주려면 어떻게 해야 할까. 경제의 근간이 되는 돈, 바로 화폐의 가치를 낮추는 것이 필요하다.

화폐의 가치는 변한다,
실물 자산을 취득하자

부동산 투자를 떠나서 경제활동을 하는 모든 사람들이 가장 먼저 습득하여야 하는 지식이다. 어제의 10만 원과 오늘의 10만 원은 본질적으로 다른 가치를 지닌다.

소비 심리에 영향을 주는 수십 가지의 이유들로 지금 이 순간에도 가치가 시시각각 변하고 있다. 하지만 거시적으로 본다면(충분한 시간이 지난다면) 결국 화폐의 가치는 하락한다. 왜 그럴까?

위에서 설명한 미국 기준금리 그래프에서, 2006년~2010년까지를 보자. 5%가 넘던 이용료(기준금리)가 0%에 가깝게 떨어졌다. 당연히 소비는 살아났을 것이다. 이제 아래 그래프를 보자.

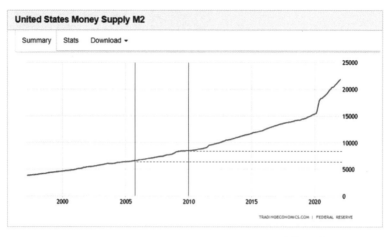

출처: Trading Economics

| 통화지표

통화의 기능 및 정책 목적에 따라 규정되는 통화의 범위이다.
M1(통화)은 일반적으로 현금 및 요구불예금만을 포함하는 협의
의 통화를 의미하며, 여기에 유동적인 가치저장수단이 되는 항
목을 포함하는 범위에 따라 M2(총통화), M3(총유동성) 등으로
통화의 개념이 의제, 확장됨.

출처: 네이버 외교통상용어사전 전문

통상적으로 협의통화를 M1, 광의통화를 M2라고 한다. 위의 그
래프는 미국의 M2 그래프이며, 여기서 M2는 M1 + 예금 적금과 금
융상품 등이 포함된, 일반적으로 시중에 얼마나 풀려 있는지를 말

해주는 지수 정도로 설명하면 충분할 것이다. 우선 2006년의 통화량보다 2010년의 통화량은 당연히 늘었다. 이것을 단순하게 표현하면 어떻게 될까?

"2006년에 1만 원으로 살 수 있었던 양파 10개는, 2010년에는 1만 원으로 10개를 살 수 없게 되었다"

2020년 이후도 살펴보자. 무시무시한 증가폭이다. 2020년에 약 15,000에 걸쳐 있던 지표가, 2022년 초입부에는 약 22,000까지 올라 있다. 같은 상승량으로 본다면 아래와 같은 합리적인 결론을 도출할 수 있다.

"직전 10년의 통화량 상승량과 코로나 이후 2년 동안의 상승량이 엇비슷하다"

이런 상황에 우리는 어떻게 대처해야 할까? 인플레이션을 대비해야 한다. 이렇게 시장에 통화량이 급격히 늘어날 때는 하루라도 빨리 '실물 자산'을 취득해 두는 것이 바람직한 전략이다. 많은 실물 자산 중에서도, '부동산'이 한가지 해답이 될 수 있다.

물론 금융 자산의 종류도 많지만, 금리(돈의 이용료)가 올라가기 시작한 이상 가능하다면 당분간은 금융 자산의 포트폴리오를 축소시키는 것 또한 고려해볼 수 있을 것이다. 그런데 값비싼 부동산을 온전히 현금으로 살 수 있는 사람은 많지 않다. 그렇다면 또 필연적으로 담보 대출을 껴야 하고, 지금 이런 시기에는 이자 비용도 부담이 될 수 있다.

하지만 담보 대출의 조건은 무척이나 다양하며, 이런 금리 상승기에는 빠르게 '고정 금리' 대출 상품들을 이용하는 전략 또한 고려해볼만 하다. 또한 대출 금리가 몇 %까지, 몇 년 동안 지속될 때까지 나의 재정상태로 버틸 수 있는지 미리 시뮬레이션을 해보고 구체적인 계획 수립 또한 가능하다.

무엇보다도 부동산이 가지고 있는 가장 특이한 속성을 들여다보면 이해가 빠를 것이다.

"통화량이 늘어도, 땅은 늘지 않는다. - 토지의 부증성"

화폐는 날이 갈수록 증가하는데, 사람이 살 만한 지역과 집은 정해져 있다면 장기 투자에 어울리는 것은 바로 '부동산'이 될 것이다. 그 중에서도 안전한 달러 자산으로 취득이 이뤄지는 '미국 부동산'이 지금처럼 빠르게 변화하는 글로벌 경제 상황에 적합한 전략이 아닐까?

다음 장에서는 앞서 이야기했던 3가지 큰 사건들 중, 부동산과 직접적으로 연관되어 있는 '서브 프라임 모기지 사태'를 이야기해볼까 한다. 내가 미래에 진입할지도 모르는 시장에 어떤 위기가 있었는지 자세하게 들여다봄으로써 무조건적인 장밋빛 미래보다는 객관적인 시각을 가질 수 있었으면 하는 바람이다.

서브프라임 모기지 사태, 과거에서 배우다

        2007년~2008년동안 진행된 세계 금융 위기에 대해 이야기해보자. 위기 자체에 대한 총체적인 진행과정이나, 각국의 연관 관계 등의 자료는 어마어마하게 많으니 관심이 있으시다면 추가로 찾아보는 것을 추천한다. 본 책에서는 '부동산' 자체와 연관 지어 부동산 투자를 할 때 어떤 지점을 들여다보아야 하는지에 초점을 맞추도록 하겠다.

    미국의 주택 구입에서 시작해보자. 한국보다 훨씬 다양한 금융상품이 있는 나라인 만큼, 대부분의 미국인들도 주택을 구입할 때 각종 금융상품들을 이용한다. 미국에서는 공식적으로 3가지의 신용등급이 있다.

- Prime(미국 신용점수 660점 이상)

- Alt-A(미국 신용점수 620점 이상)

- Sub-Prime(미국 신용점수 620점 미만)

Prime은 우량 고객, Sub-Prime은 비우량 고객, Alt-A는 Alternative-A로, 우량과 비우량 사이에 있는 등급을 이야기한다. Alt-A의 경우 신용점수는 양호하나 소득에 대한 증빙 서류가 조금 부실한 경우 해당하기도 한다. 한국의 신용등급에 비교하자면 Prime은 일반 시중은행 이용에 무리가 없는 사람들, Alt-A는 중간의 저축은행 이용자들, 그리고 Sub-Prime은 그 아래의 저신용자들 정도가 될 것이다.

Prime 고객들은 상환능력이 우수한 대신 신규 유입이 제한적이다. Alt-A 고객들은 일반적으로 고정적인 수익이 나는 사람들보다는 자영업자들의 비율이 많다. Sub-Prime 고객들은 상환능력이 떨어지는, 요약하자면 금융기관 관점에서 리스크가 있는 고객들이다.

서브프라임 모기지 사태의 발단

'보편적인' 상황에서는, 은행에게 대출 요청을 하려면 본인의 신용등급이 당연히 높아야 한다. 모든 금융기관의 주된 수입원은 고객에게 돈을 융통하는 과정에서 발생하는 이자이기 때문이다. 따라서 상환능력이 보장된 사람에게 대출을 실행해주는 것은 은행 입장에서 지극히 일반적이다. 따라서 주기적으로 이자를 납입할 수 있느냐 라는 부분이 신용등급에 큰 영향을 끼치게 된다.

그러나 어느 순간부터 미국의 금융기관들이 대출의 허들을 계속 낮추기 시작했다. 신규 유입이 매우 제한적인 Prime 고객들만 상대해서는 수익이 적다고 판단하고, Sub-Prime 고객들한테도 대출을 허가해주기 시작한 것이다. 시기적으로 한일월드컵이 한창이던 2002년 부근이다. 이유가 무엇일까?

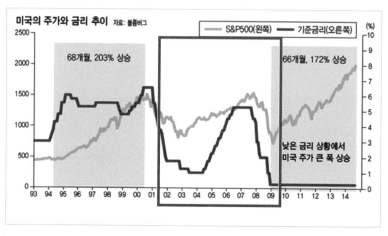

출처: 아이엠투자증권 / 자료 : 블룸버그

위 그래프를 보자. 미국 금융기관의 선택에는 나름 타당한 근거가 있기도 했다. 2000년 이후 미국의 기준금리는 2년 동안 대단히 빠르게 감소해서 2%까지 내려갔다. '양적 완화'의 시즌이었던 것이다.

| 양적 완화

Quantitative Easing, 금리 인하를 통한 경기 부양 효과가 한계에 봉착했을 때, 중앙은행이 국채 매입 등을 통해 유동성을 시중에 직접 공급함으로써 신용경색을 해소하고 경기를 부양시키는 통화 정책을 말한다

출처: 네이버 시사상식사전

한마디로 돈을 찍어내서 경기부양을 시킨다는 것. 이미 많은 Prime 고객들은 2002년~2003년 동안 낮은 시중금리를 활용한 모기지론, 즉 주택담보대출을 실행한 상태였다. 금융기관 입장에서는 시중에 넘쳐나는 유동 자금들이 어딘가로 흘러가길 원했다. Collateralized Debt Obligation, 부채담보부증권(CDO)를 통해서 말이다.

부채담보부증권, CDO

부채담보부증권이란 쉽게 이야기해서, 파생상품의 한 종류이다. 여러 사람의 담보들을 묶어서 금융상품으로 만든 것이다. Alt-A 등급인 사람이 담보대출을 일으켜 집을 샀다고 가정해보자. 바로 이 담보대출을 가지고 파생시킨 상품이다. 핵심은 이렇다.

"CDO가 발행되려면 연결된 담보가 있어야 한다"

하지만 기존의 Prime 고객과 Alt-A 고객들이 가진 담보대출로는 충분한 CDO를 발행할 수 없었다. CDO는 파생상품이므로, 파생이 이루어지는 뿌리가 있어야 한다. 이 뿌리가 바로 Prime 고객과 Alt-A 고객들이 가진 담보대출이다. 더 많은 CDO 발행을 위해서는 더 많은 사람들이 담보대출을 진행해야만 한다.

양적완화로 인한 어마어마한 유동성을 활용하고 싶은 금융기관들은 이 기회를 놓치기 싫었다.

결국 많은 CDO의 발행(당시에는 많은 수익이라고 생각했던)을 위해 더 많은 담보대출이 필요해졌고, 결국 기존의 담보대출 진행이 가능한 고객의 신용 기준을 점점 낮추기 시작했다. 이제 주택담보대출이 많아졌으니 CDO 또한 주택가격의 매매 동향에 영향을 받을 수밖에 없는 구조가 되고 말았다. 결국 Sub-Prime 고객한테까지 모기지론이 실행되는 상황에 이른 것이다.

그러나 의외로, 많은 수의 Sub-Prime 고객들이 초기에는 성실하게 이자를 납부했다. 기존 금융권에서 예상했던 신용등급과는 다르게 Prime 고객보다 높은 이율인데도 불구하고 상환을 잘 진행했던 것이다. 결과론적인 이야기지만 당시의 미국 금융권은 이 두 가지를 크게 간과하고 말았다.

- 대출상품의 거치 기간
- CDO의 존재

1번부터 살펴보자. 모든 담보대출은 실행하게 되면 '거치기간'을 설정하게 된다. 이 거치기간 동안은 이자만 납부하다가 거치기간이 끝난 이후부터는 원금과 이자를 같이 상환하게 된다. 때문에 이 거치기간을 활용해서 각 은행들은 프로모션 격으로 고객에게 기간을 늘려 주기도 했다.

한국에서 주택 매매를 한 번이라도 해보았다면, 이 거치기간의 메리트가 얼마나 큰지 감이 올 것이다. 거치기간이 길수록 '월부담금'은 줄게 되고, 재테크를 하는 관점에서 매우 유리한 포지션을 차지하게 된다.

당시 미국 모기지론 상품의 경우 특정 기간 동안은 비교적 합리적인 이율을 제공하다가, 그 기간이 끝나면 이율이 뛰는 구조로 설계되었다. 하지만 이 프로모션 기간이 끝나버리거나 감당할 수 있는 이율 구간을 벗어나게 되면?

당연히 신용 등급 순서대로 부담이 가중될 것이다. 하지만 많은 수의 Sub-Prime 고객들은 부담을 느끼는 수준에서 이 상황이 해결되지 않았다. 더 이상 채무를 감당하지 못하고 파산을 하는 Sub-Prime 고개들이 많아졌고, 그 부담은 고스란히 은행으로 이어졌다.

대출 상품이 계속 유지되어야 수익이 발생하는 CDO에도 당연히 직접적인 영향을 끼치게 되었다. CDO의 수익이 마이너스로 내려가자, 투자금을 회수하는 투자자들 역시 생겨나게 되었다. 신규 담보대출은 둘째 치고, 있던 담보대출까지 사라지게 되면서 일개 금융기관 1-2개의 자금력으로 사태를 해결할 수 있는 임계점은 넘어선 지 오래였다.

거기다, 2004년~2007년동안 상승한 기준금리는 이 사태에 화룡점정을 찍고 말았다. 썰물처럼 빠져나가기 시작한 자금들을 뒤로 한 채 남은 것은 잔뜩 버블이 끼여버린, 대출원금 대신 금융기관들이 떠안게 된 주택들이었다. 이는 '서브프라임 모기지 사태'의 원인이 되었고, 기나긴 금융위기를 가져오게 된 것이다.

과거에서 배우다

마지막으로, 최대한 지루하지 않게, 가능한 필수적인 내용들을 최소한으로 담으려 했는데 저자의 의도가 제대로 전달되었으면 하는 바람이다. 다른 나라에, 심지어 자산으로는 덩치가 매우 큰 부동산에 투자하는 것이라 독자들이 스스로 융합적으로 생각할 수 있도록 하는 것이 목적이었다보니 전달하고 싶은 정보들이 많았다.

미국 부동산 투자는 객관적으로 쉽지 않은 영역이다. 매물 자체의 정보도 있지만, 그 이전에 매물의 환경을 둘러싼 정보들의 상관관계 역시 중요하기 때문이다. 이 배경지식들과 더불어, 앞으로 이어질 내용들을 유기적으로 연결할 수 있도록 가능한 쉽고 간결하게 표현해 보도록 노력하겠다.

서브 프라임 모기지 사태와 같은 일이 생기진 않을까? 걱정되는 독자분도 분명 계실 것이다. 본 책을 검토하는 기간에 우크라이나에 대한 러시아 침공이 발생했다. 이 역시 전 세계에 위기감을 조성하는 행위임은 분명하다.

어떤 식으로 글로벌 경제 위기가 다시 찾아올 지 어느 누구도 예측할 수 없지만, 미국은 위기에서 벗어났고 여전히 최강대국의 면모를 보이고 있다. 단순한 투자보다 나의 자산을 보다 안전한 형태로 보다 안전한 장소에 보다 확실한 방법으로 옮겨 놓을 수 있다면 미국 부동산 투자는 요즘 같은 시기에 선택할 수 있는 최적의 방법이지 않을까 예상해 본다. 철저하게 배우고 준비한다면 보람찬 결과를 얻을 수 있을 것이다.

- **거래외국환은행**: 외국환거래법에 의거해 외국환업무를 도와주는 은행을 말한다. 해외직접투자를 진행할 경우, 반드시 거래외국환은행을 사전에 지정하여야 하며, 특정 은행의 특정 지점이 지정되어야 한다.

- **다운페이먼트(Downpayment)**: 선납금의 개념이다. 보통 모기지론(대출)을 진행하는 경우 많이 사용하는 용어다. 외국인의 경우 30~40%의 현금을 다운페이먼트로 준비를 하고, 모자란 금액은 모기지론으로 충당한다.

- **리베이트(Rebate)**: 판매자가 받은 금액의 일부를 구매자에게 다시 돌려준다는 뜻이다. 할인 적용의 한 형태이며, 이 경우 통상적으로 제품을 구매하고 난 후 돌려받는 "사후 할인"이 된다.

- **리스팅(Listing)**: 판매자(seller)가 에이전트에게 본인의 매물을 판매 혹은 임대 알선 요청을 하는 행위이다. 판매자가 이 리스팅을 함으로써 부동산 매물이 시장에 나오게 되고, 질로우/레드핀 같은 온라인이나 신문 광고같은 오프라인에서 판매가 가능해진다.

- **리얼터(Realtor)** : 공인중개사로 직역된다. 통상적으로 미국의 부동산 중개인들을 통칭한다. 부동산 공인중개인 자격을 갖춘 사람들이다. 미국의 경우, 각 주마다 중개 자격증이 별도로 관리되고 있다. 캘리포니아 주의 중개 자격증만 있는 리얼터는 조지아 주의 매물을 중개할 수 없다.

- **모기지 랜더(Mortgage Lender)** : 대출을 원하는 고객에게 돈을 내어주는 주체이다. 대부분 은행이 이 역할을 하게 되며, 비금융권 업체가 직접 돈을 빌려주는 경우도 있다.

- **벤더(Vendor)** : 협력 업체로 보면 된다. 삼성전자로 예를 들어보자. 반도체 공장을 가동하는 주체는 삼성전자이지만, 무수히 많은 공정들을 수행하는 다양한 협력업체들이 삼성전자와 협업을 한다. ASML, 램리서치, 어플라이드 머티리얼즈 등이 이 협력업체에 해당한다.)

- **브로커(Broker)** : 판매자와 구매자의 거래를 조율하고 중개하는 중간다리의 역할이다. 모기지 브로커의 경우, 대출을 원하는 고객과 돈을 빌려주는 금융업체를 연결해주는 역할을 하게 된다.

- **아포스티유(Apostille)** : 특정 국가에서 발행된 문서가 다른 나라에서도 공식적으로 인정받기 위해 해당 문서의 '국외사용'을 허용하는 절차 또는 그에 대한 국제 협약을 말한다. 법무부와 외교부가 협약에 따라 발급하고 있다. 미국 부동산을 구매하는 경우, 통상적으로 POA(Power Of Attorney)의 공식적인 효력을 발생시키기 위해 아포스티유 진행을 한다.

- **어프레이절(Appraisal)** : 공인감정사가 주택에 대한 가치를 평가하는 단계다. 이 공인감정사는 공정성을 위해 랜덤으로 배정된다. 진행하는데

일정 비용이 발생한다. 내가 희망하는 주택 가격이 적정한지, 또한 신청한 대출금을 다 받을 수 있는지 결정나는 절차이므로 중요하다. 예상과 다르게 감정 가격이 낮게 나올수도 있기 때문에, 여분의 금액을 준비해서 부동산을 구매하는데(에스크로를 진행하는데) 차질이 없게 하자.

- **에스크로(Escrow)** : '안전 거래'를 지칭하며, 미국 부동산 거래 시에는 필수적인 요소이다. 신뢰할 수 있는 제 3자의 중개 회사가 양측의 거래 과정을 조율하면서, 오픈부터 클로징 단계까지 주관한다. 대략 1달 ~1달 반 정도가 소요되며, 모든 절차가 마무리될 때까지 판매자는 대금을 받을 수 없다. 전 과정에 에스크로 회사의 변호사가 절차를 검토해주기 때문에, 안심하고 진행할 수 있다.

- **오퍼(Offer)** : 구매자(Buyer)가 판매자(seller)에게 구매하고 싶은 조건을 담아 전달하는 메시지이다. 보통 흔적이 남는 우편이나 이메일을 많이 활용한다. 45만 달러에 리스팅된 매물을, 1만 달러 깎은 44만 달러에 사고 싶다고 하거나, 대출 없이 전액 현금으로 사겠다는 등의 구체적인 조건을 담아 전달할 수 있다. 한번에 오퍼가 수락되는 경우는 드물고, 판매자의 조건에 근접한 오퍼들은 카운터 오퍼를 통해 협의를 이어나가게 된다.

- **오픈 하우스(Open House)** : 판매자(seller)가 본인 매물을 좀 더 빨리 팔기 위해, 예약을 하지 않아도 방문할 수 있게 불특정다수에게 공개하는 것을 뜻한다. 보통 이 오픈 하우스를 도와주는 리얼터가 상주를 하며, 방문하는 사람들은 방명록을 작성하게 된다. 실제 리스팅된 매물을 구경할 수 있는 좋은 기회이며, 방문한 사람들이 적은 방명록 또한 잠재적인 부동산 구매자들의 리스트라는 점에서 판매자와 구매자 모두에게 유익하다고 볼 수 있다.

- **카운터오퍼(Counter Offer)** : 판매자 본인 조건에 근접하거나, 조금 더 협의를 하고 싶은 오퍼의 경우 역으로 전달하는 메시지이다. 판매자는 본인 매물 앞으로 제시된 많은 오퍼 조건들을 검토한다. 이 때, 구미가 당길만한 오퍼를 골라 본인 조건을 더 담아서 구매자에게 전달하게 된다. 판매자는 45만 달러에 매물을 내놓았고, 이 매물을 44만 달러에 사고 싶다는 오퍼를 받았다고 가정하자. 당신 조건에 흥미가 있지만, 5천 달러를 더한 44만 5천 달러라면 수락하겠다는 역제안이 바로 카운터오퍼다.

- **컨틴전시 리무브(Contingency Remove)** : 에스크로 진행 단계에서, 구매를 확정지을 때 진행하는 절차이다. 이 컨틴전시 리무브 이전에는 에스크로를 취소할 경우 미리 예치한 보증금(EMD)을 돌려받을 수 있지만, 이후에는 보증금을 돌려받을 수 없다. 사전에 조율한 구체적인 조건들(에스크로 진행 비용에 대한 지원, 특정 부분에 대한 수리비용 부담 주체 등) 또한 확정짓는 단계이므로, 꼼꼼하게 확인해야 한다.

- **파이널 인스펙션(Final Inspection)** : 홈 인스펙션 단계에서 발견된 하자 보수가 잘 실행되었는지, 주택 인수전 최종적으로 확인하는 단계다.

- **플립(FLIP)** : '확 뒤집다'라는 뜻을 가지고 있으며, 이 뜻이 그대로 부동산에 적용된 단어이다. 굉장히 낡고 노후화된 주택을, 골조만 빼고 모두 공사하여 새로운 집으로 탄생시키는 작업이다.

- **하드머니(Hard Money)** : 은행이 아닌 일반 투자자들한테 돈을 빌릴 때 많이 사용하는 용어이다. 사채와 구분되는 가장 큰 특징은 '집을 담보로 융자를 줄 때'이다. 일반 금융권보다 이자가 높긴 하지만 소득에 대한 증빙이 필요없고, 단기간만 운용할 수 있어 활용성이 크다. 플립(FLIP)

을 진행할 때 많이 쓰는 자금 조달 방식이다.

- **하우징(Housing)**: 정부에서 나오는 주택 점검이라고 보면 된다. 해당 케이스의 경우, 임차인들이 고발을 했으니 실제로 육안 점검 일정을 알리는 우편물을 보냈는데 이를 숨겨서 집주인이 확인하지 못하게 한 것이다.)

- **ADU(Additional Dwelling Units)**: 부분 증축에 해당한다. 플립보다 규모가 상대적으로 작고, 공사기간도 짧은 편이다. 주택에서 연결된 새로운 주거공간을 짓는 Attached, 독립된 별채를 짓는 Detached, 기존 주거공간을 둘 이상으로 쪼개는 Interior, 차고로 쓰던 공간을 주거용으로 개조하는 Converted Garage 등이 있다.

- **DTI(Dept To Income)**: 총부채상환비율이다. 담보대출을 실행했을 때, 내 소득으로 얼마나 잘 상환할 수 있는지를 나타내는 지표이며, '소득이 기준'이 된다. 내 연봉이 6천만원일 때 DTI가 50%라면, 1년에 이자와 원금을 합쳐서 3천만원 한도 내에서 대출이 가능하다는 이야기다.

- **HOA(Homeowner's Association)**: 주택협의회라고 하며, 특정 단지 내의 공동 생활을 관리하는 조직이다. 한국 아파트의 관리실과 유사하다고 볼 수 있다. 타운하우스, 콘도미니엄, 혹은 여러개 묶인 단독 주택들을 중심으로, 관리비를 수취하면서 해당 단지에서 발생하는 각종 관리 업무 및 생활 지침들을 안내한다. HOA가 있는 주택을 매입하거나 살게 되는 경우, HOA에서 만든 수칙들을 잘 따라야 한다.

- **LLC(Limited Liability Company)**: 유한책임회사로 번역된다. 한국에서는 잘 사용되지 않는 특이한 회사구조다. 또한 일반적인 주식회사보다

유연한 지배구조로 의사결정에 있어서 신속하다는 장점이 있다. LLC는 소득이 발생해도 법인세를 내지 않고, 개인의 소득세로 잡히는 Pass-Through Tax Deduction 구조로, 미국 부동산에 투자할 때 사용하는 범용적인 회사 형태이기도 하다.

- **Operating Agreement** : 운영계약서로 번역된다. LLC를 설립하게 되면 통상적으로 필요한 서류다. LLC의 멤버가 누구인지, 지분 구조는 어떻게 되어 있는지, 설립된 LLC의 목적이 무엇인지, 이익 배분은 어떻게 하는지, 매니저는 누구인지 등의 자세한 규정을 기록한다.

- **POA(Power Of Attorney)** : 표준위임장이다. 본인이 아닌 타인(제 3자)에게 특정한 권한을 위임하기 위해 작성하는 문서이다. 외국인 투자자가 미국 부동산에 투자를 하고 싶으나 현지에 직접 방문하기 어려울 때, 중개인에게 이 POA를 작성해서 주는 것이 보편적이다. 은행 계좌 개설, 에스크로 오픈, 절차 진행에 필요한 각종 업무를 대행할 수 있으며, 특정 절차는 한국에서 추가적인 공증(아포스티유)이 필요한 경우가 있다.

- **RTI(Ready To Issue)**: 공사에 대한 진행을 허가받기 위한 발급증이다. 이 RTI가 발부된 이후, 실질적인 허가 절차에 진입하게 된다. "공사 가능"의 허가증이 아니니, 헷갈리지 말자.

미국 부동산 투자 바이블

ⓒ박성제, 임우영 2022

초판 1쇄 인쇄 2022년 6월 21일
초판 1쇄 발행 2022년 6월 30일

지은이	박성제, 임우영
편집인	권민창
책임편집	권민창
디자인	지완
책임마케팅	김성용, 윤호현
마케팅	유인철, 문수민
제작	제이오
출판총괄	이기웅
경영지원	김희애, 박혜정, 박하은, 최성민

펴낸곳	㈜바이포엠 스튜디오
펴낸이	유귀선
출판등록	제2020-000145호(2020년 6월 10일)
주소	서울시 강남구 테헤란로 332, 에이치제이타워 20층
이메일	mindset@by4m.co.kr

ISBN   979-11-91043-91-4 (03320)

마인드셋은 ㈜바이포엠 스튜디오의 출판브랜드입니다.